満蒙ニ於ケル我経済的活動ノバロメータートナル故ニ大連埠頭ハ究竟スルトコロ邦人ノ満蒙ニ於ケル活動ニ一脈ノ生命ヲ附與スルモノト云フモ過言デナク事実満蒙産業ノ開発ヲ刺戟スルコト甚大ナリ。

輸出ノ重ナルモノハ満洲ノ特産ナル豆粕、大豆、高粱豆油、石炭ノ如キ未製ノ原料品ニシテ輸入品ハ麦粉綿織物、金物等デアル

人口日本人八万二千余人、支那人一二万五千余人ニシテ戸数日本人一万九千余戸支那人二万二千余戸ヲ有ス。

〔名所旧蹟〕中央公園グランド、忠霊塔、電気遊園博物館、満蒙物資参考館、中央試験所、大連神社、沙河口神社、本願寺別院常安寺等。

◎旅順ハ関東州ノ最端ニ位シ東亜無比自然ノ要害トシテ古来ニ顕ル、市街ハ新旧市街ニ区劃サレ旧市街ハ東港ニ面シタ商業地ニシテ新市街ハ西港北岸ニ位

朝日小學校 〃 八ホ
彌生高等女學校 〃 六ヘ
神明高等女學校 〃 九ト
松林小學校 〃 四チ
商業學校 〃 八チ
大廣場小學校 〃 七ト
日本小學校 〃 三ヌ
商工學校 〃 九ヘ
南山麓小學校 〃 九ニ
第一中學校 〃 八ヨ
伏見臺小學校 〃 八ヨ
大連語學校 〃 九ル
工業專門學校 〃 九ワ
大連第二中學校 〃 九カ
沙河口小學校 〃 二レ
水源地自動車學校 電九六九七 黄金 〃 六ツ
大華自動車學校 電二一三四五番 北大山通 〃 三ヌ
旅順市役所 電五二、五九二 旅順東郷一 三十カ
關東廳 旅順 土ソ
關東軍司令部 〃 ソ

御嶽教關東大教會 大連 幡入

本派本願寺 旅順 古ヨ
大谷派本願寺 〃 土ヨ
日蓮宗日清寺 〃 土タ
天理教修徳教會 〃 古カ

銀行會社

東亞煙草株式會社 電四三三五、四四五〇、九七四二 大連鉄道 八ル
合資會社大華電気冶金製鐵所 電六〇一四 〃 栄町 七ル
合名會社伊勢屋本店 代表者高尾音次郎 〃 若 チ

朝鮮銀行旅順支店 〃 土カ
正隆銀行旅順支店 〃 土カ
内外綿株式會社金州支店 金州 一サロ

醫病院

關東廳旅順醫院 代表電七二〇 旅順 十ワ
竹森醫院 竹森三郎 電二十一四一二 〃 古ヨ
大連醫院分院 金州 土八

醫療器商

合資會社 T.M 村谷洋行 電五六五三 大連 浪速 五チ

印房

大連江町 八 八
加賀 〃 五ヘ

洞戯商

時計眼鏡貴金属

宮崎式ペーチカ 宮崎組大連支店 電長三六サ二ム三ニサ番 〃 若狭 八リ
三宅時計店 三宅晧 電五四〇四 大連 伊勢 五ヌ
高級眼鏡時計貴金属宝石装飾品輸入 真聲堂 電七六五九 〃 浪速 六ヌ
奥田時計店 電六七三二 〃 〃 五リ
柴田時計店 電四四七五 〃 伊勢 五リ
高谷時計病院 高谷英臣 〃
清眼堂眼鏡店 原田寅太郎 電八四五七 〃 岩代 七ヌ
時計貴金属蓄音器商 小川重寶堂 電八五三五 〃 若狭 十リ
原田時計店 旅順 土ワ
新見時計店 〃 土カ
櫻井時計店 〃 土カ

陶器商

奥野製陶所 奥野 電七八八六、二二〇三九 大連 北商 子
小森陶磁器研究所 臺山窯 電四九八二 工場 九四三四 陶 〃 伊勢 八ホ

土管商

新瓦土管煉瓦製造 山崎光之助 電三九四 旅順 土カ
小林土管店 〃 十

美術看板製作所 川島通秀 〃
島田看板店 島田音藏 電二二五〇 〃 浪速
ペンキ塗工業 長谷川 〃
ペンキ塗工業 八島逸作 〃
ペイント塗装工事請負 鶴田商店 電五八〇二 〃
塗料商
壁塗料リードル販賣旅順代理店 宮川勝三郎商店 旅順
合資會社旅順塗料製造所
家具装飾 建具指物並世帯道具
西洋家具室内装飾類縁油絵 美風堂 電六八四六、四五六四 大連 伊勢
西洋家具室内装飾 品川洋行 電六四三〇
世帯道具 ㊄ 丸石洋行 電三三二〇
近藤指物店 近藤定太郎
世帯道具商 青山康之助 電九〇一二
西洋室内装飾家具 ヤマガタヤ 田中義信 電二一三〇二
家具 ヤマトヤ商店 松浦常一 電六八三一
家具装飾 満蒙工業合資會社 電長七九六八
二宮家具骨董店
後藤家具店

大連歴史散歩

竹中憲一

はじめに

初めて大連を訪れたのは、一九九二（平成四）年の夏のことであった。早朝、ホテルのカーテンを開けると、眼下にとんがり屋根の黄色い旧満鉄の社宅が広がっていた。その社宅を囲むように煉瓦造りの平屋がぎっしり立ち並んでいた。古い地図を片手に大連の街を歩き回った。また公園で古老に話しかけ、昔話を聞いた。

翌年、植民地教育史のシンポジウムが大連で開催され参加した。植民地教育をどうとらえるかというテーマであった。このシンポジウムには戦前に大連で日本の植民地教育を受けた古老が多く参加なさっていて、その発言に強く心を動かされた。

この年から私の大連通いが始まった。年に二、三回大連を訪れ、旧満鉄図書館、文書館で資料を収集し、植民地教育を受けた古老の聞取調査を行なった。大連訪問は一九回を数えた。

本書は、苛烈な歴史を生き抜いて胸底に納められていた古い記憶を尋ね、私が大連で見聞したことをまとめたものである。大連に住んでおられた方から見ると、過誤もあるかと思う。

本書を執筆するにあたって、大連市史志弁公室の孫玉先生にご教示いただいた。記して感謝申し上げる。また、木村遼次著『ふるさと大連』『大連物語』、河村幸一・辻武治著『たうんまっぷ大連』にも多くを学んだ。末尾ながら、これらの方々にも感謝を申し上げた。

引用文中の旧字は新字とし、旧仮名は詩歌を除いて現代表記に改めた。
日本占領期と解放後の施設名・地名・町名等の新旧は〔 〕で記した。

大連歴史散歩／目　次

人と歴史

植民地の爪痕

学　校

街の話

人と歴史

1 大連という地名の由来——ダルニー

「ダイレン」——この音には、ギターの弦を弾いたような響きがあると言った人がいた。

二〇〇二（平成十四）年夏、大連駅前の道路整備の最中に橋が出現した。大連の地方史を研究する大連市史志弁公室の孫玉先生によると、一九二〇（大正九）年に造られた青泥窪橋（チンニーワー）であるという。これまで青泥窪橋の存在は知られていたが、どこに架けられていたか不明であった。それが発掘されたのである。この青泥窪橋こそ大連誕生の地である。

しかし、「ダイレン」の呼称についてはさまざまな説がある。浅野虎三郎著『大連市史』（一九三六年）によると、明の万暦年間（一五七三〜一六一九年）にイエズス会宣教師が北京を中心に伝道のために作成した「略要地図」には、すでに大連のことを「dalian」と書いてあるという。また、大連湾に浮かぶ三山島が二つの島が連なるように見えるところから、中国人の間で「塔連」（連なる島）と呼ばれていたのを地名の由来とする説もある。

「ダイレン」に「大連」という漢字をあてたのは、イギリスのジョン・ワードの海図を翻訳した『奉天直隷山東沿海総図』で、その中に「大連」という漢字が出てくる。公的にこの漢字を使い始めたのは李鴻章で、一八八〇年、西太后に大連湾軍港建設を奏議した際に、「大連」を使用した。手元に、同じジョン・ワードの海図を翻訳した『英国海軍海図』（一九〇二年版）に所収の大連の地図があるが、これには「大連湾」（TA-LIEN-WHAN）と漢字とローマ字で併記されている。

また一九〇〇年から〇一年にかけて起こった「北清事変」後、イギリスの提督ホープは商船サプリン号の船長ハンドに大連一帯を測量させ、海図を作成させた。ハンドはイギリス王族の名前をとって、大連湾を「ビクトリア・ベイ」、旅順を「ポート・アーサー」、普蘭店を「アダムス・ベイ」と名づけた。

発掘された大連誕生の地——青泥窪橋（常盤橋）

大連は東清鉄道（チタから中国東北部を横断してウラジオストックに至るシベリア鉄道の一部、その南部支線が後に満鉄となった）が開通するまでは、「人煙稀れに、白昼狼群の横行する長汀曲浦の寒村」（小此木壮介著『大連ものがたり』）で、青泥窪と呼ばれた。青泥窪という呼称は唐代までさかのぼると言われている。大連湾一帯を青泥東村、労働公園一帯を青泥西村と呼び、二〇軒ほどの民家が点在していた。またロシア街の波止場一帯を黒咀子村と呼び、一〇軒ほどの漁村であったという。

一八九八（明治三十一）年三月、ロシアの関東州（遼東半島南部）租借が始まる。ロシアはこの地を、ロシア語で「遠方」という意味をもつ「ダルニー」（達爾尼）と呼んだ。

さらに日露戦争で日本が大連を占領すると、一九〇五（明治三十八）年一月、遼東守備軍から「紀元節」をもって「青泥窪」を「大連」と改称するという軍令が出され、施行された。初期のころ清音の「タイレン」か濁音の「ダイレン」かという議論があったが、「ダイレン」に落ち着いた。

太平洋戦争後のソ連進駐時代は「ダルニー」（達里泥）となり、一九五二（昭和二十七）年に市の行政権がソ連から中国に移管された後、一時旅順と併合され旅大市となったが、その後旅順と分離し、再び大連という呼称が復活した。

現在、青泥窪という名称は少なくなった。解放後、常盤橋を青泥窪橋と呼んだ。これは大連を青泥窪と呼んだころ、ここに青泥東村と青泥西村をつなぐ木の橋が架かっており、青泥窪橋と呼ばれていたことから、この辺を青泥窪と呼んだものと思われる。さらにその後、先に述べた鉄筋の青泥窪橋が架けられたのである。

2 地中に眠る後藤新平

二〇〇〇（平成十二）年六月、真夏の太陽がぎらぎら照りつける日、沙河口駅の西側にある沙河口液化ガスセンターの拡張工事が行なわれていた。現場監督の王さんのところへ、石の遺物が埋まっているという報告があった。王さんが行ってみると、地中に半分姿を現している御影石が見えた。石には字が彫ってある。王さんはすぐに市の建設局に届けた。

建設局で調査した結果、後藤新平の銅像の台座であることが判明した。

後藤新平の銅像は、もともと星ヶ浦（星海公園）の西北の通称霞半島と呼ばれる丘に建っていた。それが五五年もたって、どうして沙河口駅近くの地中から出てきたのであろう。確かに、四年前、星海公園の整備が行なわれる以前は、霞半島の丘の上に丸い囲みの跡を見た覚えがある。現在は銅像のあった場所に丸い大きな鳥籠が置かれ、鳥たちが餌をついばんでいた。ここはかつて桜の名所になっていたが、今は桜の樹も少なくなり、代わりに春はライラックが強い香りをふりまいている。

後藤新平の銅像は、大連に住んだ人なら一度は目にしていると思う。特徴のある鼻眼鏡にフロックコートを着て、左手をコートの衿に当て、遠く岬の彼方の海を見ていた。

後藤新平は明治維新に先立つこと九年の一八五七（安政四）年六月四日、水沢藩（岩手県）の家臣、後藤実崇の子として生まれた。福島県須賀川医学校を卒業して愛知県立病院長となり、その後一八八三（明治十六）年に内務省衛生局技師となった。一八九〇年ドイツに留学し、帰国後に衛生局長に就いたが、一八九八年に児玉源太郎台湾総督に抜擢されて台湾総督府民政局長官に就任した。

日露戦争に勝利した日本は「満州」経営に本格的に乗り出すため、一九〇六（明治三十九）年七月十三日に南満州鉄道株式会社設立委員会を設置した。同月二十三日に委員長の児玉源太郎は後藤に満鉄総裁就任を要請したが、後藤はこれを固辞した。児玉はなおも後藤を説得したが、その一〇時間後に児玉は忽然として亡くなった。過労であった。後藤は児玉の要請を受け入れざるをえなくなった。

その後、後藤は初代満鉄総裁として「文装的武備論」を主張するなど、日本の「満州」植民地支配の要となった。その破天荒の一生は、杉森久英の伝記小説『大風呂敷』に詳しい。

後藤の銅像建設に関しては、後藤の生前一九二八（昭和三）年十月に銅像建設の発起人会が発足し、翌年四月四日、建設趣意書を関係方面に発送している。折しもその日後藤は発病し、十三日に亡くなった。

発起人総代に山本条太郎満鉄社長（満鉄の最高首脳は総裁―理事長―社長―総裁と変更された）、

建設委員長に国沢新兵衛（元満鉄理事長）が就任して寄付が集められ、東京美術学校教授の朝倉文夫が銅像を製作し、題字は後藤と同郷の旧友斎藤実海軍大将が書き、一九三〇（昭和五）年十月に除幕式が行なわれた。仙石貢満鉄総裁、田中千吉大連市長、松岡洋右代議士（元満鉄副社長・後に満鉄総裁）、後藤の長男一蔵、孫の鶴見和子、俊輔など八〇〇人が参加し、孫娘の利恵子が紅白の紐を引いた。

日本の敗戦後、後藤の銅像がどうなったかは不明となっていた。出土した台座を調査された大連地方史の研究者孫玉氏によると、縦四・二メートル、上部の横幅一・一五メートル、下部の横幅一・三八メートル、厚さ〇・三〜〇・五メートル、重さ四トンであったという。

発掘された後藤新平像の台座

それではなぜ星ヶ浦にあった銅像の台座が沙河口駅近くで出土したのであろう。それは謎である。

一九四五（昭和二十）年八月二十二日、ソ連は大連を占領して日本の工場を「接収」し、最先端の機械設備をシベリア鉄道で本国にピストン輸送した。同時に文化財も「接収」した。沙河口駅はその積み込み駅であった。

推理をはたらかせれば、ソ連は後藤新平の銅像を本国に運び出そうとしたのではないだろうか。後藤の銅像を沙河口駅まで持ってきたところで、重い石の台座は放棄して、銅像だけ貨車に積んで運び去ったのではないだろうか。その後、石の塊だけが駅西側に放置され、地中に埋められ、五五年の眠りについたものと思われる。星ヶ浦から沙河口駅までは満鉄の旧沙河口工場の横を抜けて行けば、そんなに遠い距離ではない。

ただし、四トンの石は出てきたが、本体の銅像がどこに行ったのかは依然として謎である。私の推理が正しければ、鼻眼鏡にフロックコート姿の後藤がロシアの地からひょっこり顔を出すのかもしれない。

そういえば、大広場〔中山広場〕に立っていた初代関東都督大島義昌の銅像はどうしたのだろう。大島の銅像の台座は移動され、現在旅順監獄にあるのだが。

3 大連最後の夜――伊藤博文

伊藤博文は一九〇九（明治四十二）年八月、後藤新平から「韓国併合」について、ロシア蔵相ココーフツォフと会談のお膳立てができていることを告げられる。その後、ココーフツォフより「十月下旬に東清鉄道視察の名目でハルビンを訪れるので伊藤と会談したい」という密電が入った。

遼東飯庄〔大連飯店〕

伊藤はハルビン行きを決める。会談場所がロシアの勢力範囲であることから、危惧する声もあった。『ジャパン・メール』の記者の「危険」であるという指摘に、「予の懸念する最後の問題は韓国なれば、それさえ形が付けば安心なり」と述べている。足かけ四年にわたって在任してきた韓国統監を辞してはいたが、「韓国併合」を前に、敢えて「危険」な渦の中に再び飛び込む必要があると考えていた。

同年十月十六日に伊藤は門司を発ち、十八日正午、大連に到着した。大連では遼東飯庄（大連飯店）に投宿した。

遼東飯庄は大広場（中山広場）から日本橋（勝利橋）に向かう途中の信濃町（上海路）にあった。ロシア統治時代は二階建ての将校クラブであったが、一九三〇（昭和五）年に建てかえられ、現在は六階建て九〇の客室をもち、一階は百貨店となっている。伊藤が泊まったころのホテルは日露戦争中に開業したもので、欧風の三層楼が増築され、客室四〇で、六室の洋室以外はすべて畳式の日本間で、食堂の他に玉突場、読書室、娯楽室などが整い、大連一の高級ホテルであった。日本敗戦後、一九四七（昭和二十二）年に関東飯店と改称し、さらに一九四九年に大連飯店と再改称された。

十月十九日、伊藤は旧大連公会堂で行なわれた市民による大歓迎会に出席する。旧大連公会堂はロシア帝政時代の一九〇二（明治三十五）年に買弁（外国資本の手先）資本家の紀鳳台が建てた劇場で、紅葉町〔唐山街〕にあった。日本占領後は大連公会堂となり、その後一時独身寮として使われ、解放後は群衆劇場となった。現在は撤去されて希望公園となり、まわりには児童医院や民航ビルが立ち並んでいる。

伊藤は満員の聴衆を前に、開口一番「予の今回の旅行は固（もと）より何等の公務を帯びたものではなく単なる漫遊である」と述べ、「満州」は極東の平和に最も密接にかかわっており、門戸開放、機会均等が日本の方針であり、在留日本人の事業の発展はこうした方針に沿って行なわれるべきであると結んでいる。

この日は大島義昌関東都督と会談、満鉄訪問とあわただしい日を過ごし、中央試験所を参観している。当時は衛生試験所と呼ばれ、水質試験、薬品試験、石炭研究など満鉄の基礎研究を行なっていた。

伊藤の突然の来訪を受け、職員は緊張していた。ちょうど煙草と石鹸の試験をしており、伊藤は「自分も石鹸位のことは少しは分かる」と興味を示している。コウリャン酒の醸造試験の時は、苦力（クーリー）用のコウリャン酒をビーカーで飲むなど上機嫌であった。伊藤がなぜ中央試験所の参観を希望したのか不明であるが、イギリス留学中に化学を勉強したことから参観を思いたったようである。帰り際に伊藤が書いた自署が絶筆と言われている。

同月二十日、旅順に行って戦跡をまわり、大歓迎会に参加する。歓迎会では「平和を主張しながら競いて武備を盛んにし、而して（しこう）国運の発達を計りつつあり。換言すれば未だ武装の平和を免れず」と述べ、暗にロシアとの再戦に備えて武備に努める必要を説いている。

さらに、二百三高地を訪れた伊藤は次のような詩を詠んでいる。

久しく聞く二百三高地　一万八千骨埋むるの山
今日登臨無限の感　空しく嶺上を看れば白雲還る

伊藤は大連にもどらず、二十一日、旅順駅より特別列車に乗りハルビンに向かう。

伊藤の乗車した旅順駅は一九〇〇（明治三十三）年にロシアが建設した木造平屋建てで、私が訪れた時はちょうど築後百年目であった。

4　満鉄総裁松岡洋右の第一声——協和会館

一九三五（昭和十）年八月のある夜、満鉄本社の隣に建つ協和会館〔連鉄劇場〕のホールは立錐（りっすい）の余地もないくらい満鉄社員で埋まっていた。満鉄総裁に就任した松岡洋右を迎えるために集まったのである。松岡は到着したその日の夜に、社員を集め抱負を語った。

松岡新総裁は開口一番、「すべて、白紙で臨む」と述べた。彼は二七歳の時に関東都督府外事課長として初めて大連の土を踏んで以来、満鉄理事・副総裁を歴任して、その時が四回目の「満州」への赴任であったから、満鉄のことは誰よりもよく理解している一人であった。にもかかわらず、「白紙で臨む」と宣言し、「大いに社員諸君の意見を聞きたい」とも言った。

「満州国」ができて、鉄道付属地の行政権を奪われて経営形態が大きく変わった満鉄、関東軍の隷下（れいか）に置かれて「満鉄改組」を迫られていた満鉄、その状況を十分に認識しての発言であった。

社員たちは「連盟脱退男」「政党解消連盟男」と呼ばれた松岡の満鉄総裁就任を歓呼の声を

あげて迎えた。かつての理事・副総裁を務めた松岡の返り咲きを「父帰る」と言って喜ぶ者も多かった。

松岡の経歴はエリートコースそのものであった。

一八八〇（明治十三）年三月、山口県の廻船問屋の四男として生まれた。一八九三年三月、一三歳の時、叔父に連れられてアメリカに渡り、叔父から自活を迫られる。働きながら一九〇〇年六月、オレゴン州立大学法学部を卒業し帰国する。一九〇四年十月、外交官試験に合格し、外務省に入省する。上海領事館勤務時代に、ロシアのバルチック艦隊の北上参戦の情報を得て日本に打電したという話は有名である。一九〇六年十一月、関東都督府初代外事課長に就任する。一九二一（大正十）年七月、満鉄理事に就任し、一九二七（昭和二）年七月、満鉄副総裁に就任する。その後、衆議院議員に当選、政友会に属した。帝国議会では得意の弁舌で幣原外交を軟弱外交と決め付け、国際協調は日本の国益を損じるものであると主張し、国際連盟脱退へと動くことになる。

協和会館〔連鉄劇場〕

松岡は英語の達人であったが、中国語もマスターするまでになっていた。豊田穣著『松岡洋右――悲劇の外交官』は次のように述べている。

松岡は支那服を着て、支那語の学習に力を入れていた。語学の得意な彼は、上達も早く、支那の小説類を読破し、支那の芝居をも鑑賞できる程度となった。出来るだけ支那と同化したいという彼の意図がここに見られる。

「支那と同化したいという彼の意図」については疑問があるが、中国が好きであったことは間違いない。また東亜同文書院出身の専門の通訳に対して「いや、そこはこのように強調すべきだ」などと注文をつけていたという。

当時、満鉄特急「あじあ」号が大連―ハルビン間を走っていた。松岡は理事時代から重視してきたオイル・シェール（油頁岩）や石炭を原料とする石油合成に執念を燃やし、一五〇〇万円を投じて石炭液化工場を撫順に建設し、生産も軌道に乗るまでになっていた。

松岡は「満鉄改組」を逆手にとって、「大調査部」をスタートさせた。関東軍に対抗し、満鉄の生命と言われた調査に情熱を注いだ。調査スタッフ二一二五人、予算規模一〇〇〇万円、年間調査項目は五〇〇件を超えた。こうして満鉄が世界に誇る「知の宝庫」が誕生した。

しかし、これらの調査は「日満支戦時経済調査」「東亜物資自給力調査」といった戦時対応研究が主であった。戦争勃発を分析した「世界情勢調査」が日米開戦不可避を結論づけてからしばらくして、日本軍による真珠湾攻撃が開始された。

松岡は一九三九（昭和十四）年三月に満鉄を去り、一九四〇年九月には第二次近衛内閣の外相として「日独伊三国同盟」に調印した。日本の敗戦後、一九四五年十一月に松岡は戦犯として逮捕され、翌年六月未決のまま持病の肺結核で病死した。

松岡が住んだ満鉄総裁公邸は星ヶ浦（星海公園）の近くの黒石礁にあったと聞いて探したが、見つからなかった。また星ヶ浦の旧ゴルフ場近くに住んでいたとも聞いて探してみたが、やはりわからなかった。

松岡が満鉄総裁就任演説をした協和会館は満鉄本社の隣にあり、今もヒマラヤ杉に包まれるように建っている。

5 植民地実業家――相生由太郎

大連に関する本を読んでいると、「相生由太郎」という名前がよく出てくる。木村遼次著

旧相生街

『大連物語』によれば、碧山荘を造り、中国人港湾労働者の供給管理を行なった人物である。

相生は一八六七（慶応三）年、福岡で生まれた。福岡県立中学修猷館を卒業した後、旧黒田藩の奨学金を得て東京高商を卒業し、一八九八（明治三十一）年に三井鉱山に入社した。

一九〇七（明治四十）年、後藤新平満鉄総裁に見込まれて、大連埠頭事務所長として招かれる。三井時代の労働争議を収拾させた手腕を買われての招請であった。日露戦争直後の当時、大連港の荷役作業が本格化したが、荷役労働者の供給のバランスがくずれ、作業効率が極めて低下し、収拾がつかない状態にあった。

相生は三井鉱山の労務管理の経験から現場主義を貫き、中国人労働者に伍して所長自ら泥まみれになって働いた。所長が現場に下りると日本人社員も現場に下りるようになり、作業の問題点も明らかになってきた。

一九〇九（明治四十二）年、相生は満鉄から港湾労働者を供給する部門を独立させ、福昌公司を設立した。さらに、港に近い寺児溝に二万三〇〇〇坪の広大な土地を求め、赤煉瓦造りの

「紅房子」を建て、港湾労働者を住まわせて、港湾荷役作業を独占した。一九一八（大正七）年当時、福昌公司は五七万円の純利益をあげていたという。この利益を生み出していたのが有名な碧山荘である。碧山荘は日本の植民地統治の「成功」例の一つとして、大連の観光名所ともなっていた。

相生の人事管理能力は抜きんでていた。五〇人規模の親分子分的苦力（クーリー）集団を幾つもつくり、その苦力頭を取り込み、さらに医療、娯楽、衛生施設を設け、「管理」と「福利」という二面策をとった。それればかりではない。阿片と彩票（宝くじ）で、苦力の工賃を吐き出させ、一部熟練工を除いて絶えず苦力を流動させた。同時に碧山荘の中に中国人の信仰する道教のお寺を建てて、信仰のよりどころとした。相生は、中国の伝統的な家族制度に基礎を置いた人事「管理」を行なったのである。

一九〇九（明治四十二）年、大連を訪れた夏目漱石は大連埠頭に相生を訪ねている。漱石が訪れた時、相生は日本に残してきた病気の子供の悲報を胸に、将来の碧山荘設置の準備をしている最中であった。漱石は相生について、次のように言っている。

もっと卑近な言葉で云うと、荷物の揚上に使われる仲仕の親方をやっている。かつて門司の労働者が三井に対してストライキを遣ったときに、相生さんが進んで其衝に当った為、手際よく解決が着いたとか云うので、満鉄から仲仕の親分として招聘された様なものである。実際相生さんは親分気質に出来上っている。……相生さんは大連に来るや否や、仲仕其他凡て埠頭に関する事務を取り扱う連中を集めて此処に一部落を築き上げた。（『満韓ところどころ』）

漱石は埠頭から相生の案内で自宅を訪ねている。そこは大連埠頭から三、四町行った所、すなわち寺児溝、後に相生町と命名された所である。大連で一民間人の名前が町名となった例は他に聞かない。

相生は煉瓦製造、石材採掘、倉庫業、土木運搬請負、「満州」特産物販売などを兼営したほか、大連商業会議所会頭、大連市会議員など数々の公職に就き、大連の人々の間では「相生さん」と呼ばれていたという。

しかし、日本の植民地支配下において、漱石が「チャン」と言ってはばからなかった中国の人々を収奪して暴利を得た相生の汚点をぬぐいさることはできない。中国の研究者は相生に対し「人道主義の仮面をつけて、日中親善を掲げ、労働者の思想を麻痺させ、苛酷な搾取を行なった植民地支配者」という評価を下している。なんとも厳しい。

相生は一九三〇（昭和五）年一月、大連で死去した。六二歳であった。

相生の会社、福昌公司は山県通〔人民路〕の埠頭寄りにあった。また相生の故居は碧山荘のあった寺児溝、西本願寺近くの播磨町〔延安路〕、大連病院の傍の霧島町〔七一街〕にあった。また星ヶ浦〔星海公園〕にも別邸があった。

6 岩間徳也と南金書院民立小学堂

一九〇四（明治三十七）年十一月、まだ日露戦争の砲声がとどろく中で、金州に中国人子弟を対象とした初等教育機関の南金書院民立小学堂が開校した。当時、日本は日露戦争の占領地に軍政署を設けて土木、衛生、教育などの「民撫政策」を行なっていた。シベリアを単騎横断した満州軍参謀福島安正の配下の「支那通」の将校が軍政署長に就任し、各地に日本の学校が開校した。南金書院民立小学堂もその一つである。

金州は清国の遼東半島の要地であった。しかし、日清戦争、三国干渉、ロシアの「満州」占領、日露戦争と続いた外国の侵入によって、めまぐるしく支配者が入れ替わり、民衆はその都度、清国旗→日の丸→清国旗→ロシア国旗→日の丸と、帰順を表す国旗を掲げることを強要され、外国勢力に対して不信の念を抱いていた。そのため、日露戦争後の日本に対しても「第二のロシア」という反発が渦巻いていた。

こうした雰囲気の中で南金書院が開校したのである。校舎の入口には「開校式」と書かれた看板が掲げられ、その前に大きな日の丸が交差し、巡査に先導されて中国人児童がその下をくぐった。

一九〇五（明治三十八）年二月、前年に東亜同文書院を卒業したばかりの岩間徳也が総教習（校長）として赴任してきた。岩間は一九二九（昭和四）年七月に辞任するまで、南金書院で

旧南金書院民立小学堂

一四年間にわたって総教習を務めることになる。

金州を訪れて岩間の接待を受けた大町桂月は「金州城なる南金書院に校長岩間徳也先生、職にあること一〇年、誠実の人物にして、金州の聖人と称される」と『満鮮遊記』（一九一九年）で述べている。

岩間は関東州当局の中国人同化教育に異議を唱え、中国人に対する適地適応型の教育を提唱した。日本語教育よりは中国語教育を行ない、「勅語奉読」をやめて「孔子廟礼拝」を行ない、

普通教育よりは実業教育の普及をはかった。関東州当局は方針に従わない岩間をやめさせようと別の校長を送り込んできたので、二人の校長が机を並べることになった。結局、衆望のある岩間に軍配が上がって、関東州当局の送り込んだ校長は大連に引き揚げた。

やがて岩間は任期満了となり、教職員の留任の懇願を振り切って故郷の秋田に帰った。南金書院の役員は日本語の堪能な元陸軍大学教員の劉雨田（後述）に引率されて、一団となって海を渡り、秋田県由利郡の岩間の自宅まで押しかけた。村人は中国人の一団に驚いて、岩間の家をぐるりと取り囲んだ。役員たちは岩間が再任を承諾しなければ金州には帰らないと言って、玄関先に坐り込んだ。結局、岩間は役員たちの熱意に動かされて金州にもどり、総教習に復職した。

岩間は南金書院の敷地内に日本人小学校を建て、日中共学を実現させたり、日本の農業学校へ中国人生徒を留学させたりした。当時、女子の識字率が一〇〇〇人に一人という金州にあって、女子部を開設した。

一九〇八（明治四十一）年春、金州を訪れた与謝野晶子は南金書院を見学し、岩間の案内を受けた。晶子は別れ際に一首詠んでいる。

城外の南金校の先生と馬車を共にす柳絮（りゅうじょ）の散る日

「南金校の先生」とは岩間のことである。柳の綿が舞う春の金州路を馬車に揺られて散策するのどかな感じが伝わってくる。

ロシア統治時代の露清学校をそのまま利用した南金書院の校舎は、乃木大将の息子が戦死したという東門跡に当時のままの姿で残っている。現在は軍の通信隊が使用しており、参観を申し込むと、気軽に中に入れてくれた。

白楊樹の並木を進むと校舎が見えてくる。創設から一〇〇年の時間の経過を感じさせない、煉瓦造りの建物である。兵士の娯楽室兼図書館として利用され、室内には日本の侵略戦争を批判する文章と写真が展示されていた。

7 門外漢の満鉄学務課長——保々隆矣の旧宅

一九二〇（大正九）年一月、シルクハット姿の一人の男が大連港に降り立った。満鉄学務課長として入社した保々隆矣である。病気がちの妻は船旅の疲れから港の近くの浜町の社宅に着くと、そのまま床についた。保々は二歳と三歳の子供の寝顔を見ながら「満州に来なければよかった」と大きくため息をついた。

東京帝国大学卒業で恩賜の銀時計に輝く保々は、内務官僚として出世の階段を上っていた。保々は名古屋の警察署長時代に米騒動を鎮圧した「功績」が認められ、いわゆる「冬の時代」を作り出した亀井英三郎に見込まれ、満鉄に引き抜かれたのである。

上司の元関東都督府民政局長官宮尾舜治からは、「君、満鉄など行くなよ」と言われていた。実は保々は満鉄入社の条件として提示された「留学」に心が動いたのである。毎日社宅の前の海を見ながら考えた末、「内地」でできないことをやろうという気持ちになった。

満鉄には教育を担当する学務課がなく、保々が実質的な初代学務課長に就任した。出社した保々は教育係主任の岡本辰之助の話を聞いているうちに、満鉄の教育事業が停滞していると感じた。保々はすぐに行動を起こした。飯河道雄視学の案内で、厳冬の「満州」を大連からハルビンまで視察旅行を行なったのだ。

視察旅行で保々が感じたことは、中国人の子供は戸外で遊んでいるのに、日本人の子供の姿を見かけなかったことである。保々は「内地」に比べて病弱な子供が多いということを聞いて、このままでは植民地に永住できる子供は育たないと考えた。しかし、多くの子供たちは防寒具を持っていなかった。保々は満鉄本社の財務部と掛け合い、防寒着一着につき五円の補助金を

保々隆矣の旧宅

出し、冬休みを短縮してスケートを奨励した。保々の初仕事は、子供の健康を取り戻すことであった。

保々は視察を終え、校長会で「満鉄教育の現況は全く内地教育の延長であり、而も生気なく全く眠った状態にある」と批判した。「満州」生まれの子供はすでに三四パーセントに増加していた。そしてこの「満州」生まれの生徒に対し、日本の国定教科書を使い、「内地」と同じ教育を行なう「内地延長主義」教育が行なわれていた。

保々は、生徒たちを「満州」に永住させるため、「満州」の地に適応できる能力を養う「現地適応主義」教育を提唱した。「満州」に題材をとった『満州補充読本』をはじめ『満州理科教科書』『満州地理教科書』『満州国史教科書』等を編集し、現場で使用させた。さらに中国語を必修科目とし、奨励した。

念願のドイツ留学の話が舞い込んだ時、妻が亡くなった。保々は二人の幼な子を親戚にあずけてドイツに出発した。帰社後は、留学中に見聞した欧米の教育事情を参考に、さまざまな試みを実行に移した。たとえば、「満州」の地で教育できる教員を養成するために満州教育専門学校を創設した。また実業教育を重視し、中国人社会で活躍できる人材を養成する商業実習所、農業実習所などを開設した。さらに中国人の教育権回収運動を正面から受けとめるために、排日運動についてさまざまな調査を行なった。

保々は教育については門外漢であったが、「満州」に永住できる人間を教育するには、苛酷な自然条件に打ち勝てるパワフルな肉体と強靱（きょうじん）な精神力と「満州」についての知識を持つことが必要であると考えた。

保々が学務課長に就任してから、満鉄の教育は「内地延長主義」教育を脱して満州の状況に根ざした「現地適応主義」教育へと大きく変わった。

保々は一九三一（昭和六）年五月、千石貢総裁、松岡洋右副総裁とともに満鉄を去った。満鉄を辞した保々は一時、協和会顧問を務めた。しかし、協和会の実権は山口重次事務局次長と小沢開作（指揮者小沢征爾の父）に握られ、保々の出る幕はなかったようである。息子隆一郎は「満州国」官吏を志望し大同学院に入学したが、病死した。

保々は、帰国後は雑誌の編集などにたずさわった。

保々は大連に来た時は浜町の社宅に住んだが、留学から帰ってからは南山麓柳町（南山路）の社宅に住んだ。町名のとおり、道の両側には柳の樹が植えられている。

夏の暑い日、東京都世田谷区代田橋のお宅に、ご息女の明子様をお訪ねした。保々が大連で愛用していた絨毯（じゅうたん）に坐ってお線香をたむけ、保々のアルバムを見せていただきながらお話をうかがった。

8 阿片王——石本鏆太郎宅

一九三六（昭和十一）年十月、関東州施政三〇年記念祝賀会が開かれ、大阪毎日新聞は児玉秀雄（満鉄創立委員長を務めた児玉源太郎陸軍大将の長男、元関東長官）や林権助（元関東長官）などを招いて関東州施政三〇周年記念回顧座談会を開いた。座談会は本音で語られる部分が多く、裏面史を知る上で貴重な資料である。

その中で、阿片について元関東都督府民政長官の宮尾舜治は「阿片専売は地方税の収入でありまして一箇年六、七百万円位の収入がありますが、……成るべく一時的の経費にあて後日に禍根を残さないように使用して来ました」と述べ、主に学校建設に使ったと述べている。また満鉄の西山左内は「付属地の収入は三、四百万円で、他に阿片の収入があつて約五百万円でありました」と発言している。

この二人以外にも阿片についてはいろいろ発言があるが、関東庁も満鉄も阿片収入に頼って経営されたことがうかがえる。関東庁の経常収入の五〇パーセントは阿片収入であり、年によっては七〇パーセントを占めている。残りの何割かは逢坂町〔南昌街〕花街の座敷税であったというから驚きである。

この莫大な阿片を管理していたのが石本鑽太郎である。

石本は一八六四（元治元）年四月、高知県長岡郡で生まれ、帝国大学予備門に入学、上海に留学して中国語と英語を修めた。一八九四（明治二十七）年、日清戦争に通訳官として従軍し、乃木大将の知遇を得る。一八九六年、台湾総督に就任した乃木について台湾に行き、台湾総督府通訳官となり、阿片行政に従事する。日露戦争が始まると再び乃木の下で通訳官として金州、旅順、奉天の会戦に参加し、戦勝後、関東都督府の関東阿片総局の総弁となり、関東州の阿片の特許権を手中におさめる。しかし、一九一五（大正四）年三月、阿片局を閉鎖し、郷里の高知県から総選挙に出馬して当選する。また石本は同年十月から一九年十月まで大連市長を二期務めている。阿片総局の専売権を持っていた石本のもとには、大連市内三〇〇カ所の公認阿片窟から巨万の富が転がり込んだであろう。

石本鑽太郎旧宅

しかし、作家の松原一枝は石本の生活は慎ましやかであったと述べている。松原は石本の孫娘貞子と小学校が同じだったところから、よく石本の家に遊びに行った。松原はその時の印象を「その家の中には、祖父がお金持というしるしは見当らなかった。たとえば立派な置物とか、道具とか、子供の目にも、貞子の家の慎ましい生活が分かるのである」(『大連ダンスホールの夜』、一九九四年)と述べている。

松原の話はさらに続き、「十年間の仕舞の一年間は利益があったが、後はほとんどなかった」と述べている。松原は、石本が阿片で儲けた財を旅大道路の建設に密かに投じたのではないかと推理している。

しかし、一九〇七(明治四十)年から一九一四(大正三)年までの阿片収入は三万から徐々に増え、二〇万に達している。ところが石本がやめる最後の年の一九一五年には一挙に二二八万に激増し、関東都督府の経常収入の七〇パーセントを占めるまでになっている。つまり、一九一四年に「戒煙部」が設立されて阿片専売制度が確立し、収入が前年の一一倍になったのである。石本はすでに役職を退いていたので、せいぜい退職金程度の金しか入ってこなかったにちがいない。そして石本は一九一五年と一七年の二回、衆院選に出馬し当選しているので、以前の収入は選挙に消えていたものと思われる。

一九三三(昭和八)年十二月、石本は肺炎のため大連病院で死去した。

石本の家は松山台（松山町二番地）にあったという。松山台は旧中央公園（労働公園）と接する高台である。満鉄社宅が立ち並んでいる松山街、暢道街を探してみた。

一人の古老が「知っている」という。連れていってもらった松山街の坂下に、高い壁に囲まれた瀟洒（しょうしゃ）な家がある。隣で自転車の修理をしていた住人に聞くと、確かに市長の家だという。しかし、それは六〇年代の大連市長の家だった。隣のアパートの四階に上がってみると、壁の向こうにはナツメとライラックの樹に囲まれた三棟の瀟洒な家屋が並んでいた。

一九九三（平成五）年ごろ、大広場（中山広場）で、ヒマラヤ杉の樹の下に石本を記念する小さな碑を見かけたことがあった。解放後、多くの碑が壊される中で、石本の碑がどうして残っているのか不思議であった。

しかし、一九九六年に大広場の芝生化が行なわれ、石本の碑はなくなってしまった。

9 蜷川虎三の大連市経済調査——大連市役所

戦後に京都府知事を七期務め、「憲法を暮らしの中に」のスローガンで知られた蜷川虎三は、一九三八（昭和十三）年末、大連市の経済調査嘱託となり、「満州」へ渡った。神戸港を出港し、元旦を玄界灘で迎えた。大連に着いた蜷川はヤマトホテルに滞在し、さっそく調査を始めた。「満州」は、蜷川にとって一九三三年に続いて二度目であった。最初は河上肇が逮捕され、大学が滝川事件（滝川幸辰教授の著書が自由主義思想だとして弾圧された）で揺れ動く最中であった。

蜷川の大連行きは、大連市長の丸茂藤平（在任一九三五～三九年）が大連市の政策立案のための経済調査を京都帝国大学に依頼し、その仕事が蜷川にまわってきたのである。大連行きの話が舞い込んだ時、教授昇格をめぐる暗闘、友人の有沢広巳、大内兵衛の逮捕などで、睡眠薬を飲まなければ眠れないほど精神的にまいっていた。わずらわしい学内政治と思想弾圧から逃れるように、蜷川は大連行きを承諾した。

蜷川は最初、大連に住むつもりであった。しかし、その年の四月、先輩教授石川興二の努力で「万年助教授」から教授に昇格し、大学の仕事も多くなった。そこで弟子の岡部利良と有田正三を大連に常駐させ、自分は大学の休暇を利用して出向することにしたのである。

ヤマトホテルと大連市役所は大広場（中山広場）に面して隣り合っていた。蜷川は毎日市役所に通い、資料の山に目を通した。また、歩いて数分の距離にある満鉄調査部にも出入りした。調査部はちょうど蜷川が大連に来た年に改組され、大調査部へと一気に飛躍したばかりであった。調査部には具島兼三郎、石堂清倫、細川嘉六、伊藤律などがいた。蜷川が媒酌人となった河上肇の娘、芳子の夫鈴木重蔵もいた。

また、蜷川にとって「満州」に関する研究は初めてではなかった。蜷川は興亜院の下部組織である東亜研究所の学術部員にも名を連ねていた。東亜研究所には、ゾルゲ事件で処刑された尾崎秀実、アジア的生産様式論を展開した平野義太郎、大上末広、堀江邑一なども所属していた。かなり左翼系の研究者もおり、大連で再会した研究者も多かった。

大連市役所〔中国商工銀行大連支店〕

蜷川は大連が気に入っていた。娘の思葦子への葉書では「来年の夏は星ヶ浦のサマーハウスを借りるつもりで今から頼んでおきました」と書いている。

しかし、大連ではいやな思い出もあった。細野武男・吉村康著『蜷川虎三の生涯』に、次のような「事件」が載っている。

蜷川は新京〔長春〕に行くために大連駅で列車を待っていた。そこへ憲兵がやってきた。

「お前はどこに行くのか」。若い憲兵はピストルのサックをちらつかせ詰問した。

「新京まで行くつもりです」。蜷川は内心「この小僧」と思ったが、軍人にはさからえない。

「新京にお前なにしに行くのだ」という質問に「答えられませ

ん。公用ですから」と答えてやった。軍人は「公用だと、何の公用だ。答えろ」と迫ってきた。そこで蜷川は企画院総裁発行の身分証明書と京都大学教授の身分証書を出したところ、憲兵が急に弱気になって、敬礼して「大変失礼しました」と挨拶したという。

一九四〇（昭和十五）年三月、蜷川は事業調査報告書を市長に提出した。市長は丸茂市長から別宮秀夫市長に代わっていた。富永孝子著『遺言なき自決』によると、別宮市長は、好ましい結果の出なかった調査報告書を見て、蜷川の調査をむしろ評価し、調査の続行を希望した。その後、上杉正一（戦後、東京経済大学名誉教授）を中心に、調査は継続して行なわれた。

蜷川の通った大連市役所は、戦後大連市人民政府の庁舎として使われていたが、現在は中国商工銀行大連支店となっている。

10 「丸沢常哉は国宝だ」――満鉄中央試験所

「丸沢は国宝だ、勝手に使っては困る」。満鉄総裁松岡洋右は満州電業副社長の山崎元幹を怒鳴った。一九三八（昭和十三）年、山崎が丸沢博士を満州電業の顧問に招請したいと松岡総裁に申し出た時のことである。「国宝なればこそ、満鉄だけで博士を独占される理由は無いではありませんか」と、後に満鉄最後の総裁となった山崎も反論した。結局、丸沢博士は顧問に就任した（木村遼次著『大連物語』）。

満鉄は「内地」の第一線級の科学者を招請して中央試験所をつくり、「満州」の科学的調査、技術革新を進めた。さらに人文社会関係の研究者を招請して満鉄調査部をつくり、法制調査、旧慣習調査、統計調査、産業調査などを行なった。彼らの頭脳によって満鉄の事業は長足の進歩をとげた。丸沢常哉博士はその中の一人である。

満鉄中央試験所〔大連化学物理研究所〕

満鉄中央試験所は、「満州」における殖産興業を目的として、一九〇七（明治四十）年十月に開設された。無機化学、有機化学、農業化学、応用化学、製糸染色、窯業、醸造、衛生、電気化学、冶金などの部門がおかれていた。敗戦時には所員六〇〇人、そのうち高級研究員が二〇〇人余りいた。研究範囲は広範にわたり、創設から敗戦までに一〇〇〇の研究項目が提出され、特に戦時下ということもあって、石炭液化の研究が国策事業として重点的に行なわれていた。「内地」の理化学研究所に匹敵する規模と、世界的レベルの研究水準を持っていたと言われている。

丸沢博士は、一九三六（昭和十一）年十月、井上仁吉東北帝国大学学長の推薦で中央試験所所長に就任した。一九四〇年十月、任期満了で所長を退任して非常勤の顧問となったが、敗戦直前の一九四五年六月、再び所長となった。

もうだいぶ前のことであるが、ある政党が中国共産党と対立し、その大衆団体が留学生寮の善隣学生会館に住む華僑に暴行を加えるという事件が起こった。その長期戦のバリケードの中で、萩原定司という人と知り合いになった。対中貿易の窓口であった国際貿易促進協会の幹部であった。この人から満鉄のこと、中央試験所のことを聞いた。ある日、図書館で丸沢常哉の著書『新中国生活十年の思い出』（一九六一年）を読んだ。この時、萩原定司が東京帝国大学理学部出身の中央試験所の研究員で、丸沢の部下であったことを知った。

一九四五（昭和二十）年、敗戦と同時に丸沢博士の苦難が始まる。中央試験所はソ連の管理下に置かれ、その後、中長鉄路局の傘下に置かれる。日本人引き揚げを前に、中国側は経済復興と国土建設のために日本人高級研究員の残留を強く希望した。所長の丸沢博士は、日本は戦争で中国に被害を及ぼしたのであるから中国の再建に協力するのは当然であるという考えを持っていた。

一九四七（昭和二十二）年、中央試験所の約八〇人の研究員が大連に残留することになった。

中国政府は日本人全員を主任とし、南方から約六〇〇人の若手研究者を送り込んで、日本人研究員の下で働くようになった。副所長には郭沫若の長男で京都帝国大学を卒業した郭和夫が就任した。萩原定司によると、ソ連によるシベリア抑留の例もあるように、敗戦国の国民であるからどのような扱いを受けても文句は言えないところであるが、その敗戦国の国民に高給を出して、管理職につけて処遇したという例は、世界の戦史にないのではないかという。

こうした環境が生まれた背景には、丸沢博士の卓越した見識と人柄があると言われている。ソ連との交渉にはロシア語が必要だと考えた丸沢博士は、往復の通勤時間にロシア語の単語カードを暗記して交渉に臨むこともあった。しかし、在留日本人の間に大連日僑労働者組合が生まれ、それが大連日僑勤労者組合と改称されて極左的傾向が強くなるにしたがって、知識人丸沢博士に対する批判が起こり、批判大会が開かれて「丸沢を殺せ」「丸沢は反動分子だ」という言葉が投げつけられ、辛い時期もあったという。

丸沢博士は帰国直前には四川省長寿県の工場で仕事をしていて、一九五五（昭和三十）年二月、第一〇次引揚船の団長として帰国した。一〇年の長期残留である。

丸沢博士は、一九六二（昭和三十七）年五月に亡くなった。

丸沢博士の通った満鉄中央試験所は伏見町の通りにあった。アカシヤ並木と赤煉瓦の中央試験所の建物はコントラストがよい。旧羽衣高等女学校〔大連理工大学教育センター〕と南満工専技術員養成所に挟まれ、周囲には旧満鉄社宅と伏見台の学校群が点在し、大連で一番素敵な場所である。

中央試験所は、現在では大連化学物理研究所となっている。

11 旅順博物館――大谷光瑞の執念

旅順の動物園と植物園を隔てる旧スターリン街を西に行くと、かつて後楽園と言われた広場があった。この広場の前に旅順博物館がある。旅順に着いて真っ先に希望したのがこの博物館見学である。

旅順博物館の建物はロシア時代の将校クラブとして起工され、未完成のままであったが、一九一七（大正六）年、三〇万円を投じて関東都督府考古館が開館した。その後、関東庁博物館となり、一九三四（昭和九）年に旅順博物館となった。この博物館の主要展示品は大谷光瑞の探検隊が収集した「大谷コレクション」である。

大谷光瑞は浄土真宗本願寺派二二代の法主で、若いころイギリスに留学し、ヨーロッパ各地を訪れて見聞を広め、帰国後に宗門改革に着手する。寺院の壁を明るい色に塗り替え、オルガンに合わせて門徒に洋楽調の「賛仏歌」を歌わせた。光瑞自身もヨットを愛好した。こうした生き方は僧侶や門徒の反対にあい、光瑞は法主の座を弟の尊由に譲り、上海に渡った。

光瑞は本願寺という豊かな財源を背景に、仏教東漸の要地シルクロードの探検を発起した。一九〇二（明治三十五）年八月、日本最初の総合学術調査隊である第一次大谷探検隊がロンドンを出発した。二五歳の光瑞は仏教徒としての理想に燃え、自身も参加しての探検であった。

旅順博物館

光瑞と渡辺哲信ら随員四人は、ロシア→西トルキスタン→パミール→カシュガル→タシュクルガン→西カラコルム→キルギットを経てスルナガルへ着いた。出発以来三カ月の大旅行であった。しかし、日本に到着した時は日露戦争の最中で、探検どころではなかった。

さらに光瑞は一九〇八（明治四十一）年から翌一九〇九年まで橘瑞超と野村栄三郎の第二次隊、次いで一九一〇年から一九一四（大正三）年まで橘瑞超と吉川小一郎の第三次隊を派遣した。

この三次にわたる探検隊によってもたらされた西域考古出土

品、印度石彫の多くが旅順博物館に収蔵されている。

博物館は二階建てになっており、入って右側に「双龍洗観摩室」がある。大理石の階段を上がると、八七五キロもあるという中国最大の商代の青銅器「司母戊」が置かれてある。その奥には「新疆出土文物特別展示室」があり、ここに大谷探検隊の西域考古出土品が置かれている。ここには六体のミイラがガラスケースの中に横たわっている。ミイラはトルファンから発掘されたもので、全員が漢族であったという。

今村太平は『満州印象記』（一九四一年）の中で次のように述べている。

若い女のミイラがある。その衣、帯の色が未だにありあり残っている。これを映画の逆回転でするように息吹きかえらせることができたらどうだろう。この醜い一塊の物質が見る間に生気をとり戻し、西域の美人になって動き出す。そういう空想はそれだけでもなにか自分を戦慄させるものがある。

今村は映画評論家だけあって、想像力が豊かである。

解放後、旅順博物館の収蔵品はすべて接収された。現在、光瑞の探検は「掠奪歴史文物」という烙印が押されている。七五〇〇品の発掘品の多くが日本に持ち帰られたという。帰りがけに説明員に現在の収蔵数を尋ねたところ、二〇〇〇品ということであった。

光瑞は大連を愛したが、住居をかまえず、ヤマトホテルを住まいとして暮らした。そして、若草山に西本願寺の大連関東別院を建てた。現在は大連関東別院は取り壊されて大連外国語学院の敷地になっているが、正門の石段がかろうじて残っている。

彼はまた幼稚園と大連高等女学校を開設した。さらに大谷塾を開き、一九三四（昭和九）年には飛行場の近くの周水子に浴日荘という農業による教育を行なう私塾を作った。古い写真を見ると、浴日荘は三階建てのドーム型の風変わりな建物で、空港から少し大連港寄りの小高い丘にあったという。

周水子の駅を降り、飛行場に向かって浴日荘を歩いて探してみた。一帯は軍区で、雑木林の中を兵隊さんが隊列をつくって行進していた。

敗戦後の光瑞について、富永孝子は『大連・空白の六百日』の中で次のように述べている。

ソ連軍が進駐してきた翌年、光瑞は膀胱腫瘍をわずらい大連病院に入院した。入院中、国民党へのスパイ容疑で投獄され、四〇日後釈放されたが、病状はさらに悪化し、入退院を繰り返した。一九四七（昭和二十二）年八月、光瑞は偽名を使って引揚げ船遠州丸にまぎれこみ、病身を妻に支えられながら帰国した。その翌年死亡した。

12 漱石と化物屋敷

夏目漱石は一九〇九（明治四十二）年九月二日に東京を発ち、六日に大連に到着した。その後、十月中旬まで「満州」と朝鮮を旅行した。大学予備門時代に同級だった満鉄総裁中村是公の招待に応じたもので、大連、旅順から満鉄線に沿って奉天（瀋陽）、長春、ハルビン、平壌、京城と回遊している。

帰国後、漱石は『朝日新聞』に「満韓ところどころ」と題して旅行記を書いている。ところが『朝日新聞』は、漱石の「満韓ところどころ」の掲載に乗り気ではなかったようである。漱石は寺田寅彦宛の手紙で、「どうも其の日の記事が輻輳するとあと廻しされる。癪に障るからよそうと思う」と記し、結局、執筆を中止してしまっている。

原因はよくわからないが、「満韓ところどころ」は読んでみて確かにおもしろくない。日記風で、事実の羅列で、漱石自身の見た「満州」が伝わってこない。もし、漱石が江南の地を旅したとしたら漱石の漢文学の素養と共鳴して、読者を魅了したにちがいない。

漱石は、痩せ馬に鞭を加える御者を「残忍な支那人」と言っている。さらに「御者は無論チャンチャンで、油に埃の食い込んだ弁髪を振り立てながら、時々満州の声を出す」と言っている。当時の日本人は中国人を「チャンチャン」と呼ぶことに差別意識すら感じなかったにちがいない。しかし、作家であれば、活字として新聞に載せる場合は文章の品位を考えるべきであろう。たまたま芥川龍之介の『支那游記』（一九二五年）を読んだ。中国服を着て、京劇を見て、北京の胡同（横丁）を歩き、「北京に住まば本望なり」（室生犀星宛葉書）という気持ちを持った芥川とは対照的である。

旧ロシア街の化物屋敷

漱石は大連ヤマトホテルに投宿する。ロシア時代はダルニー特別市役所だった建物で、日露戦争後も遼東守備軍司令部→関東州民政署→関東都督府民政部→満鉄本社と、ずっと大連の中枢にあった建物である。一九〇八（明治四十一）年十二月に満鉄本社が移転した後、大連ヤマトホテルとして使われるようになった。

詩人で作家の清岡卓行は、戦後、大連に旅した時、漱石が毎日通ったホテルの玄関に立って、「玄関から一直線に日本橋迄続いている、広い往来を眺めた」（「満韓ところどころ」）という漱石の視線を追ってみたと書いている。私も清岡の真似をして、玄関に立って漱石の視線を追ってみた。
漱石の視線の先には、化物屋敷と言われた建物がそのままの姿で残っている。三階建てのクリーム色の建物である。漱石は殊の外この化物屋敷に興味を示したようだ。

　化物屋敷は其の位古い色をしている。壁は煉瓦だろうが、外部は一面の灰色で、中には日の透りそうもない。薄暗い空気を湛える如くに思われた。余はこの屋敷の長い廊下を一階二階三階と幾返か往来した。歩けば固い音がする。階段を上る時は猶更こつこつ鳴った。階段は鉄で出来ていた。廊下の左右は悉く部屋で、部屋という部屋は皆締め切ってあった。

化物屋敷と言われるには理由がある。日露戦争当時、ここは野戦病院であった。戦争が激しくなるにしたがって、旅順の前線から送られてくる傷病兵であふれ、彼らはほとんど治療されないまま放置され、兵士たちの「創口から出る怨みの声が大連中に響き渡る程凄まじかった」という。
日露戦争後は一時ホテルとして使われ、後に満鉄の宿舎となったが、夜な夜なロシア人の幽霊が出るという噂が広がり、化物屋敷と呼ばれるようになったということである。解放後、化物屋敷はロシア街の整備によって、まったく様変わりしてしまった。

化物屋敷は児玉町〔団結街〕に面して建っており、一階が食堂となっている。建物の横にある階段を上って二階に行き、そこで日向ぼっこをしていたお爺さんにことわって、建物の中を見せてもらった。

漱石の踏んだ鉄の階段は煉瓦の階段に変わり、内部は鉄路局の事務所兼宿舎となっていた。漱石は共同炊事場で婦人に声をかけているが、今でも廊下のあちこちにプロパンガスの仮設の台所があり、白菜が所狭しと置いてあった。かつて満鉄の社員宿舎として使われていた時のままの構造になっているようである。

もっとも、最近（二〇〇三年）訪れた時は、外装、内装ともに、かつての姿をとどめないまでに改装されていた。

漱石は大連滞在中に中央試験所、満鉄総裁邸、満鉄本社、発電所、碧山荘、大連倶楽部、大連駅、電気遊園、大連税関、北公園、造船所などを見学している。

13 君死にたまふことなかれ――与謝野晶子の詩碑

与謝野晶子は、鉄幹とともに一九二八（昭和三）年の五月から六月にかけて、満鉄の招待で四〇日間「満州」を旅している。早朝、大連港に着いた晶子は「二日して渡れる海の濁りきぬ大人になりて見し世の如く」と歌っている。大連・旅順には一三日滞在して、四二首を詠んだ。帰国後『満蒙遊記』として、鉄幹が「大連雑記」、晶子が「金州以北の記」を分担して書いている。ハルビンでは黒龍江省の覇王・呉俊陞夫人との印象深い出会い、奉天ではヤマトホテル滞在中に張作霖爆殺事件（東北軍閥の巨頭、関東軍高級参謀の河本大作らによって搭乗列車が爆破され死亡した）に遭遇したことが記されている。

大連は、鉄幹の言葉を借りれば「埠頭からホテルまでの第一印象は、何となくゆったりとして心の落ち着くのを感じた」という。大広場（中山広場）に面したヤマトホテルに泊まった二人は、丸い広場を囲むように建つ欧風建築に心をひかれた。

晶子は、この「満州」滞在中に二度旅順を訪れている。「君死にたまふことなかれ」と歌ってから二五年の歳月がたっていたが、旅順戦跡に立つ晶子の脳裏にはいろいろなことが去来したであろう。一九〇四（明治三十七）年九月、晶子は日露戦争に応召した弟籌三郎（ちゅうざぶろう）の身を案じて、雑誌『明星』に有名な長詩「君死にたまふことなかれ」を掲載する。

あゝをとうとよ君を泣く
君死にたまふことなかれ
末に生れし君なれば
親のなさけはまさりしも
親は刃をにぎらせて
人を殺せとをしへしや
人を殺して死ねよとて
二十四までをそだてしや

結局、弟籌三郎の出征先は旅順にはならず、無事に帰還する。
この詩は、日露戦争下の世相に賛否両論の大きな反響を起こした。評論家の大町桂月は「日本国民として、許すべからざる悪口也、毒舌、危険也」「乱臣なり、賊子なり、国家の刑罰を加ふるべき罪人なり」とまで酷評して排斥した。「満州事変」の二年後、太平洋戦争の戦局が拡大したころに発行された『与謝野晶子全集』(一三巻、改造社)では、「君死にたまふことな

晶子の詩碑

かれ」が削除されている。

一九九八（平成十）年七月、『朝日新聞』に「君死にたまふことなかれ」の詩碑が大連に建てられることになったという記事が載った。この記事を読んだ時、建立にこぎつけるまでに相当苦労があったのだろうと思った。

一九八五（昭和六十）年六月、「君死にたまふことなかれ」の詩碑を旅順に建てようという要望が与謝野晶子倶楽部から出され、中国側と折衝が行なわれてきた。結局、詩を刻んだ銅板の寄贈を受けた遼寧師範大学に建てることになった。以前、遼寧師範大学でシンポジウムがあり、同席した何鴻武文校長は「爾可不能死去」（君死にたまふことなかれ）は人民の戦争による苦難がよく表現されていて自分も好きな詩であると述べておられた。

「君死にたまふことなかれ」は反戦詩として位置づけられているようであるが、屍（しかばね）の山となった兵士たちのことにはふれず、ひたすら弟の身を案じる姉の感情を歌ったにすぎないという解釈もある。

一九四一（昭和十六）年、晶子は四男の出征に際して「水軍の大尉となりて我が四郎み軍（いくさ）にゆくたけく戦へ」と歌っている。

詩の解釈はさておき、中国国内に外国人に関係する碑を新たに建てることが厳しく制限されている中で、よく建立までこぎつけたと思う。さらに評価の分かれる中での中国語への翻訳は苦労のいったことであろう。翻訳者の遼寧師範大学曲維教授は、五連の詩を訳すのに二カ月を要したと言われた。

この詩碑は遼寧師範大学の国際交流センターの一角に建っている。詩碑を訪ねた時、傍らの合歓樹（ねむのき）に鴇（とき）色の花が咲き乱れていた。

14 地中から出てきた子規の句碑

一九九八（平成十）年春、金州城の南にある金州城内小学の校庭から正岡子規の句碑が見つかった。改築工事の際に工事関係者が掘り出した物である。

報せを聞いて駆けつけた元金州中学校の副校長の劉永礼さんは初めは半信半疑だったが、小学生のころ槐（えんじゅ）の樹の下に子規の句碑があったことを憶えており、記憶をたどって間違いないと確信したという。

泥を落とすと文字が浮かび上がった。子規の自筆である。

　　金州城にて　子規
　行く春の酒をたまはる陣屋哉（かな）

子規は一八六七（慶応三）年九月、松山藩士正岡隼太の子として松山市に生まれた。藩主久松定謨の奨学金を得て大学予備門から東京帝国大学に進んだが、不治の病と言われた肺結核を患（わずら）ってからは俳句の道を志し、陸羯南（くがかつなん）の新聞『日本』の記者となった。

子規は日清戦争中の一八九五（明治二十八）年四月十三日から三三日間、新聞『日本』の従軍記者として金州に滞在した。

子規は上陸の第一夜、名も知らぬ中国人の老人と枕を並べる。従軍記者は七人いたが、オンドルが六床しかなかったのである。第二軍の将校が「誰か一人隣のチャン（中国人に対する蔑称）の部屋に往て一緒に寝てもらわねばならない」と言った。子規は自分が行こうと手をあげる。将校は「チャンは臭いよ」と気の毒そうに答えて、部屋へ連れていった。子規はオンドルの上に布団なしで小さく丸まった老人の傍で寝た。

当時の従軍記者に対する待遇は「馬及び新聞記者」と言われるほどひどく、「兵隊の後ろからハエのようについて行って、自分で飯を炊き……」といった生活をしていた。こうした劣悪な環境が、結核に冒された子規の身体をむしばんでいった。

五月二日の『陣中日記』に「久松伯宴を宝興園に賜う。金州第一の割烹店なりとぞ」とある。ふだん満足な食事さえしていない子規にとって、金州第一とされる宝興園の中華料理を食することはめったにないことだった。旧藩主の招きに応じて故郷松山の話に花を咲かせ、豪華な中華料理をご馳走になり、飲めない酒も口に含んで、至福の時を過ごしたにちがいない。

眠りから覚めた子規の句碑

　この時に詠んだのが、土の中から出てきた句である。この句碑がいつごろ誰の手によって建てられたのかはわからないが、句碑が見つかった天后宮の故地はかつて子規が住んだ場所である。海の守護神天后聖母を祀（まつ）った天后宮の一部が、今でも運動場の中ほどに取り残されるように建っている。

　句碑は現在、副都統衙門（役所）跡に移されている。案内していただいた前記の劉永礼さんによると、子規の望郷の思いを表して、句碑は東向きに建てられているということである。

一八九五（明治二十八）年四月、日清講和条約が結ばれ、従軍記者は帰国することになった。すでに子規の財布は底をついていた。このままでは帰国船で食事をとることもできない。子規は『読売新聞』の従軍記者河東銓に一〇円を借りる。河東銓は同じ松山藩の家令の息子で、子規の勉強仲間であった。

五月十日、金州を発ち柳樹屯（大連港口）へ向かう。子規の身体は限界に達していた。十五日、佐渡国丸に乗って帰国の途につく。玄界灘に近づいた時、帰国を前に気持ちがゆるんだのか、生あたたかい血が込み上げてきた。血飛沫が飛び、甲板を梅の花のように染めた。結核の再発である。

五月二十三日、神戸に上陸した子規はそのまま入院した。駆けつけた高浜虚子、河東碧梧桐の看病で回復した。八月には松山にもどり、夏目漱石の下宿に転がり込む。

一九〇二（明治三十五）年九月十九日、「糸瓜（へちま）咲て痰のつまりし仏かな」の句を残し、子規は三五歳の生涯を閉じた。

「満州」は日本人にとって未知の地であった。そのため多くの作家が満鉄、新聞社、放送局等に招待され、帰国後に旅行記を書いた。先の夏目漱石、与謝野鉄幹・晶子夫妻がその例である。また、田山花袋、正岡子規などは従軍記者として「満州」に渡っている。大連は「満州」の入口であり、ほとんどの作家が第一歩を印した印象記を残している。

満州日日新聞社〔大連日報社〕

一九四一（昭和十六）年四月、『満州日日新聞』の招待で、川端康成は村松梢風らとともに大連、天津、奉天（瀋陽）、ハルビンを回って、約一カ月半の「満州」旅行を行なっている。『満州日日新聞』は一九〇七（明治四十）年十一月に創刊され、「満州開発の宣伝機関」として邦文、英文、中文欄を設け、大連だけでなく「満州」各地で広く購読されていた。

同年六月、佐多稲子も『満州日日新聞』に「四季の車」を連載した慰労という名目で招かれ、永井龍男、浜本浩とともに「満州」を旅行した。旅の途中、奉天で「旅情」を書いている。

実は佐多は前の年の夏、朝鮮総督府鉄道局の招待で、壺井栄とともに朝鮮を回り、「朝鮮の巫女」「朝鮮印象記」等を書いている。二年続きの朝鮮、「満州」の旅であった。この二つの旅行では、植民地「満州」、植民地朝鮮に対する佐多の姿勢が読み取れる。

同行の永井龍男は、二年前の一九三九（昭和十四）年十月、雑誌記者らによる「満州国視察団」の一員として朝鮮、奉天、ハルビンを旅行している。一月に『文藝春秋』の編集長となったばかりであった。永井は一九四二年十月にも「満州」に渡り、北京に一〇日滞在している。

佐多らの「満州」旅行と入れ替わるようにして、一九四一（昭和十六）年九月、関東軍の招待で、「満州事変十周年記念講演旅行団」が出発した。団員は川端康成、大宅壮一、火野葦平、高田保、山本実彦（改造社社長）で、国賓待遇を受けながら大連、奉天（瀋陽）、新京（長春）、ハルビン、ハイラル等、ソ連との国境近くまで回った。新京放送から日本向けに座談会を放送したが、その時に司会をしたのが森繁久彌であった。大宅は帰国後に満州映画協会啓民映画部の責任者となった。なお、川端はそのまま「満州」に残留して、十月から夫人とともに北京、天津、旅順、大連を回って帰国している。

当時「満州」では、「五族協和」という「満州国」のスローガンを文学において実現させようという動きが起こっていた。川端等の「満州事変十周年記念講演旅行団」が「満州」を訪れた翌年、『満州国各民族創作選集』が出版され、「満州国」の朝鮮人や中国人作家の作品が収録された。

川端は『満州国各民族創作選集』の序を書き、次のように述べている。

一旅行者としての私には、満州国の文学について、仮りに一つの考え方があった。その一つは、満州文学の高遠な理想の問題である。国と共に新しい文学は、この国の作家達の言う通りに、あるいは建国の神話を創り、あるいは創世の歴史を導くことであろう。しかも五つの民族が共にそのような文学を興そうとしつつある。

日本文芸界には、文学の閉塞状況を「大陸」において打破しようという動きがあった。一方で「満州」土着の文学も育っていた。たとえば「満州事変」直後に発足し、大連に拠点をおいて活動していた満鉄関係者の同人誌『作文』である。同人には秋原勝二、青木実らがいた。また、太平洋戦争の起こった年に発足し、「満州」文壇の統一をめざした満州文芸連盟もあった。満州日日新聞社は、満鉄本社の斜め前にあった。現在は大連日報社の社屋となっている。

16 吉川英治文学の開花――日本橋ホテル

吉川英治の小説が大連で開花したことはあまり知られていない。一九二一（大正十）年、講談社の懸賞小説で「でこぼこ花瓶」（『少年倶楽部』一等当選）、「馬に狐を乗せ物語」（『面白倶楽部』一等当選）、「縄帯平八」（『講談社倶楽部』三等入選）と賞を独占した。これらは大連の古宿で徹夜で書いたものである。

英治は一八九二（明治二十五）年八月、神奈川県で生まれた。父の直広は旧小田原藩の下士で、寺子屋を開いていた。その後、父が稼業に失敗したため英治は小学校を退学し、食べるのもないどん底生活が始まる。

そうした中で定時制の商業学校に通い、川柳（せんりゅう）に興味を持つようになる。輸出品の象嵌（ぞうがん）を売りながら生計を立てていたが、一九一八（大正七）年三月に父が亡くなり、家計がさらに苦しくなる。芸者赤沢やすを入籍する。やすは新婚生活もそこそこに「満州」に新天地を求めて出かけた。英治もやすの手紙から象嵌のカフスボタンを「満州」に持っていけば売れるかもしれないという期待を抱いて、一九二〇年秋、大連に渡る。

大連に着いた英治はロシア街へ渡る旧日本橋（勝利橋）の近くの日本橋ホテルに投宿する。

英治の泊まったホテルはロシア街や繁華街の大山通（上海路）に面し、大連駅、大広場（中山広場）までも歩いて五、六分の位置にあった。尾崎秀樹著『伝記　吉川英治』（一九七〇年）によると、英治は大連に着いたばかりのころ、異国的な風物にふれてみたいという気持ちがあった。旅順の戦跡をめぐり、大連の街を歩いた。

しかし、持ち込んだ象嵌はほとんど売れず、路銀はホテル代と生活費に消えていった。大連の冬は早く、満足な冬仕度もないままやってきた英治は途方にくれた。日本橋の下を通る汽車の汽笛までが不安をかりたてた。

日本橋ホテル

そんな時、偶然、講談社の各誌連合の懸賞募集の記事が目にとまった。英治は懸賞に活路を求めた。締め切りを気にしながら、生きるために書いた。書き上げた原稿をホテルの前にそびえたつ中央郵便局（大連郵電局）の窓口に持っていった。最後に『講談社倶楽部』の懸賞小説「縄帯平八」を窓口に差し出した時は、精根尽き果てていた。

数日後、留守宅から母いくの病状悪化を報せる手紙が届いた。すぐに帰りたかった。しかし、財布の中は空であった。

ついに予想していた電報が届いた。「ハハキトク　スグカエレ」。英治は所持品をすべて金に換え、ホテルの近くの大連港に走った。しかし、船はなかった。英治は大連港と反対の大連駅に走った。奉天から鉄道で朝鮮半島を南下して、玄界灘を渡ることにしたのだ。

母は生きていた。英治は職探しをしながら、わがままな母の看病をした。

翌年、母いくが亡くなった。母が亡くなってから懸賞当選の報せを受けた。七〇〇円の懸賞金は医療費や葬儀費の借金に消えた。

英治が懸賞小説を書いた日本橋ホテルは、現在、大連市財政局のビルとなっている。最近改築され、商工銀行支店が入っている。当時発行された大連案内では日本橋ホテルは一等にランクされているが、英治の伝記には「安旅館」と記されている。それでも一泊二食付きで二円五〇銭であった。

英治が思い出をつづった『忘れ残りの記』には、大連のことは一行も書かれていない。しかし、英治が小説家として認められる第一歩は、大連から始まったのだ。

17 円生、志ん生の大連暮らし——常盤座

一九四五（昭和二十）年の春、三遊亭円生と古今亭志ん生のところに「満州」慰問興行の話が舞い込んできた。円生は、空襲のない「満州」に行けるというので、二カ月ぐらいならと引き受けた。彼は一九三八（昭和十三）年と三九年に、中国に「皇軍慰問」に出かけたことがあった。志ん生も空襲で焼け出されて文京区動坂の家に移っていたが、「酒がたらふく飲める」ということで引き受けた。

端午の節句に、活弁から講談に転向した国井紫香、漫才の野坂比呂志夫妻ら一行一〇人が新潟から出港した。円生四五歳、志ん生五五歳であった。途中で魚雷騒ぎがあったが、無事に新京〔長春〕に到着した。興行先は満州映画協会傘下の満州演芸協会で、翌日から奉天〔瀋陽〕、吉林、延吉、牡丹江、ハルビンで慰問巡業を行なった。新京にもどってきて、それでは帰国ということになったが、七月を過ぎ、米軍の潜水艦が待ちかまえる玄界灘を渡る船はなかった。

遊んでばかりもおられず、新京放送総局の慰問活動を行なった。その時に接待してくれたのが学芸部演劇主任の森繁久彌であった。奉天から本渓湖まで興行を行ない、大連に着いて八月十三日、十四日には、円生、志ん生の「二人会」を常盤座〔大衆劇場〕で開いた。ソ連参戦の情報が入っていたが、客はまずまずの入りで、二人の噺（はなし）に屈託のない笑いが響いた。

翌日敗戦、二人の苦難が始まる。結城昌治著『志ん生一代』（中公文庫版、一九九五年）によって二人の大連生活を追うことにしよう。

円生も志ん生も旅館日本館を追い出され、観光協会の事務所に住むことになる。観光協会は旧連鎖街の心斉橋通の東にあった。志ん生は相変わらず所々方々で酒ばかり飲んでおり、円生が炊事をした。町内の集まりに呼ばれては噺をした。

やがてソ連兵が進駐してくると、市内各所で強盗や強姦が始まる。志ん生は荒れた心をウォッカでまぎらわした。帰国の密航船があるというので、なけなしの金をはたいてまんまとだまされ、財布は空になってしまう。しかたなく逢坂町（南昌街）の遊廓に転げ込む。志ん生の酒量はますます上がって、円生に「酒でしんしょうつぶした」と言われても一向に減らなかった。

常盤座跡

円生と志ん生はよく町内会に呼ばれて噺をした。噺を聞いているお客は心から笑ってくれ、すっかり日本にいるような気になった。「内地」では、霊能者だという小さんの妹の「お告げ」で、円生も志ん生も死んだものと思われ、香典までもらっていた。

待ちに待った引揚船が来た。一九四七（昭和二十二）年一月、「もう二度と満州に来ねえぞ」と叫んで志ん生が帰国し、二カ月遅れて円生が帰国した。

円生は『私の履歴書』（一九八四年）の中で「満州（中国東北）から帰って来てから、円生は噺がうまくなった、芸も陽気になったという評判……こりゃア、やっぱり向こうでいろいろ苦労をして身に帯したものが、芸にも響いてきたんだろうかと、自分で考えたわけです。今までにない経験をして、これがまァ人間的な成長というんですか、芸の足しになったのかもしれない」と、大連生活が芸の肥やしになったと回想している。

円生と志ん生が高座に上がった常盤座は、旧連鎖街の北の端にあった。解放後は大連芸術劇場という映画館となっていたが、現在は取り壊されている。彼らが住んだ旧連鎖街の観光協会の事務所は緑地帯になっている。また、侘び住まいをした逢坂町〔南昌街〕の「福助」は大きなビルに変わっている。大連には歌舞伎座、日の丸座などのほか、永善茶園、同楽舞台といった中国の劇場、広済大舞台〔人民劇場〕、大連劇場〔大連造船廠倶楽部〕、そして志ん生と円生が高座にのぼった浪速座〔烟台救済局大連弁事処〕や羽衣座もあった。

志ん生は一九七三（昭和四十八）年九月、円生は一九七九年九月に亡くなった。

18 さらばワセダよ――東海林太郎

円い眼鏡をかけて直立不動の姿勢で「赤城の子守歌」を歌う東海林太郎が、満鉄の社員だったことはあまり知られていない。

東海林は、満鉄を退社して早稲田大学商学部の講師となった佐野学について経済学を学び、「早大軍事研究団事件」の渦中にあった。一九二三（大正十二）年五月、左翼運動の拠点と言われた早大に、青柳篤恒教授を中心として軍事教練を始めようという「早大軍事研究団」が結成された。それに対抗して早大雄弁会を中心とする学内団体が帝国主義批判、軍国主義批判を行ない、大山郁夫、片上伸、佐野学、猪俣津南雄らの教員が大学当局の責任を追及した。いったん事態は収束に向かったが、突然予審判事、検事が早大校内に入り、佐野、猪俣の研究室を捜索して多数の書類を押収し、堺利彦、山川均、佐野学、徳田球一、荒畑寒村などを逮捕起訴したのである。

その年の八月、満鉄に入社した東海林太郎は身重の妻、久子を連れて大連に向かった。列車が東京駅を出発する時、東海林の手にした新聞には佐野学が未検挙のまま起訴された記事が載っていた。東海林は青春の終わりを感じた。「さらば東京、さらばワセダよ」。東海林太郎、二五歳の夏であった。

　大連に着いた東海林は、満鉄社宅に住むことになる。妻の久子は東京音楽学校を卒業した後、日本女子音楽学校の声楽科教師をしていた。広い社宅の一室をピアノ室に改造し、声楽の練習をし、大連で生まれた長男の和樹を育てながら、近所の子供たちにピアノを教えた。東海林は時に夕暮れのアカシヤ並木を久子と散歩したり、家族で大連郊外の夏家河子海岸へ泊まりがけで出かけることもあった。東海林には、このまま平和な時間が過ぎていくのかと思われた。

東海林太郎の旧宅

　東海林は「大調査部」と呼ばれた庶務部調査課に配属された。調査課には「内地」で左翼運動をしたインテリが多く、自由な雰囲気があった。

　東海林が入社したのは、松岡洋右理事のもとで、一時沈滞気味であった調査課の拡大政策が打ち出された年であった。東海林に与えられた調査課題は「満州に於ける産業組合」であった。東海林はフィールドワークによる現地調査を行なった。「満州に於ける産業組合」をまとめる過程で、支配者として君臨する日本人と被支配者として収奪される中国人の「満州」の現実を目の当たりにし、東海林の夢は音を立てて崩れ去った。

一九二五（大正十四）年二月、東海林は「満州に於ける産業組合」をまとめ、社内に配布された。しかし、反応は冷たかった。理事の一人が「東海林はまだ学生気分が抜けてないな」と評したという。

時期が良くなかった。共産党再建の準備が進み、革命のテーゼが議論されている最中であった。東海林の「前歴」と合わせて、共産党再建のテーゼに沿って書かれたという評価が下された。論文のあちこちには「唯物史観的観察によれば……」「（産業組合は）中小産業者をして大事業家大資本家と同一の経済的地歩を占めしめ、其の生活の基礎を鞏固にし、万民をして聖代の恩恵を享けしめんとする」といった言葉があった。しまいには関東軍の参謀から「要注意人物」という烙印が押され、その後は調査命令も来ないまま調査部に通った。

東海林の心の空白に入り込むように、妻久子の同窓の渡辺シズと相愛の仲になる。久子は和樹を残して東京にもどり、翌年次男の玉樹を出産する。

一九二七（昭和二）年四月、東海林は奉天（瀋陽）の北八〇キロの鉄嶺図書館長に就任する。当時、東海林は秋田中学時代のスポーツ万能ぶりを発揮し、満鉄対抗陸上競技大会に出場して一〇〇メートル、二〇〇メートル、五〇〇メートルの短距離競走で優勝し、走り幅跳び、三段跳びでも大会新記録を出して鉄嶺チームを優勝に導いた。

一九三〇（昭和五）年八月、東海林は満鉄を退社してドイツに音楽留学し、帰国後は一転して歌謡界に入る。東海林の歌は日本の至る所で歌われていた。その中で「国境の町」には、鉄嶺の荒野で東海林が体験した「満州」が歌われていた。

橇の鈴さえ、寂しく響く、雪の曠野よ、町の灯よ、一つ山越しゃ、他国の星が、凍りつくよな国境。

東海林が勤務した調査課は旧満鉄図書館の裏手にあった。現在は衣料関係のビルになっているが、昔のままの姿で建っている。東海林が通った「大調査部」を私が訪ねた時、前日の大雨でビルの中に水が流れこみ、大掃除の最中とかで、結局、中に入れてもらえなかった。

東海林が家族と住んだ社宅は、木村遼次著『大連物語』によれば大連一中の近くの大黒町〔更新街〕の坂を下ったところにあった。高い塀に囲まれた瀟洒な家であったというが、現在は高層ビルが建っている。

19 古代ハスに魅せられて——大賀一郎

一九五〇(昭和二十五)年の冬、千葉県の検見川のほとりで黙々と土を掘り返す一群の人々がいた。ハス博士の大賀一郎とその支援者たちである。大賀は、検見川の泥炭層から古代の丸木舟が見つかったことから、「ここを掘ればハスの実が出る」と研究者的直感をはたらかせ、私財を投げうって古代ハスの発掘に取りかかった。発掘には、近所の花園中学校の生徒も加わった。

一週間の予定が一カ月になろうとしていたが、ハスの実は一粒も出なかった。表土を掘って、草炭層に達していた。一カ月を過ぎた時、大賀は明日ハスの実が出なかったら発掘を中止すると告げた。その日は小学生も動員されたが、いつもと変わらず作業を進めていた。

夕闇の向こうから「あった!」という女生徒の声がした。大賀が走って行くと、まぎれもないハスの実が三つ、女生徒の手の中にあった。その後、大賀は発掘されたハスの実を発芽させ、約二五〇〇年前と推定される古代ハスの花を咲かせたのである。有名な古代ハスの実の発掘秘話である。

実はこの話の始まりは、大賀が大連に渡った一九一七(大正六)年にさかのぼる。

大賀は岡山県賀陽郡庭瀬村の出身で、犬養毅（首相在任時の一九三二年、五・一五事件で殺害された）とは同郷である。東京帝国大学理科大学植物学科を卒業後、大学院に入り副手をしていたころ、満鉄の招きで大連に渡り、満鉄教育研究所に籍を置いた。児玉町（団結街）の南満州教育会教科書編輯部編輯長となり、主に理科教科書の編集にあたった。

大賀は当時のことを次のように語っている。

大正六年の冬、満州の地を踏んで、淋しい冬の旅を終え、翌年の春から何もわからぬ満州の山に草をとり始めたり、旅順に博物館ができるからとて引張り出されたり、随分ゴタゴタしたものであった。又事務の方面に足を入れないかとの勧誘も受けたりしたが、当時僕が最初に小学校五年の理科教科書の筆をとったと思う……。（『ハスを語る』）

大賀は妻をともなって新天地「満州」の広野を走り回り、植物採集をした。大連付近から旅順、千山、撫順、本渓湖、四平街、長春、ハルビンまで足を運んだ。この間採取した標本は、女子高等師範学校の矢部博士に送ったという。

大賀は学生時代に内村鑑三に師事した敬虔なクリスチャンで、西広場（友好広場）にある教会に通っていた。礼拝している時、隣に坐ったある中国人婦人（後述）から、大連の北にある普蘭店泡子郷の地中からハスの実がたくさん出るという話を聞いた。神のご加護というか、この中国人との出会いが大賀の人生を変えた。

大賀はさっそく普蘭店に行った。畑を深く掘ると、ハスの実がいくらでも出てきた。農家の壁土からもハスの実が出てきた。土地の売買証文には「雍正」の文字が見えるところから、二〇〇年以前のハスの実であることがわかり、同時に発芽に成功した。この時から大賀のハス人生が始まる。

一九二三（大正十二）年、アメリカ留学が決まった。大賀は普蘭店のハスの実一〇〇〇個を携えて出発した。渡米途上のハワイで関東大震災のニュースが飛び込んできた。大賀は収集した満州植物採集の標本も灰になったことを知った。

普蘭店のハス池

三年の留学を終えて大連にもどった大賀は、奉天の満州教育専門学校で植物学を教えることになった。しかし、教育専門学校は財政難からまもなく廃校になり、大賀は一九三二（昭和七）年三月、満鉄を退社して東京女子大学講師となる。そして、検見川の古代ハスの発掘の話に続くのである。大賀は戦後、次のように語っている。

かくして私は満州に赴き、かくして満州を去った。満州ミッションの夢はあえなくも敗れた。私は徒手空拳、ただ一片の信仰をもって国土を拓かんとしたが、戦敗れて今は余生を古ハスの研究に託して已（すで）に二十年を経た。……（『ハスを語る』）

検見川のハスの実の発掘は、大賀の人生に咲かせた一輪のハスの花のようだ。

猛暑の夏、大賀が古代ハスを研究するきっかけをつくった普蘭店泡子郷を訪れた。普蘭店から通貔子窩〔皮口〕へ向かう道路の途中に小さな村がある。ガタガタ道を進むと、そこが泡子郷である。村人に古代ハスのことを尋ねると、指差す方に鞍子川という川があり、橋の近くがハス畑になっていて、ピンク色の花が満開であった。

なお一九五五年、中国でも中国科学院考古学研究所で泡子郷の古代ハスの開花に成功している。

20 満州馬賊——辺見勇彦の故居

馬賊というと、「花大人（ホアターレン）」と満州義軍の名前をあげる人は多い。一九〇四（明治三十七）年六月、日露戦争の砲声のとどろく中で、玄洋社の成員十数人を中心として編成された「特別任務部隊」が満州義軍である。その中心になったのが花田仲之助中佐、すなわち「花大人」である。ロシア軍を、神出鬼没のゲリラ戦によって悩ましたことは有名である。

その「花大人」とともに有名なのが、江崙波こと辺見勇彦である。

辺見の自伝『辺見勇彦馬賊奮闘史』（一九三一年）によると、辺見の父は一八七七（明治十）年の西南戦争で西郷軍の参謀を務め、官軍に「鬼」の異名で呼ばれた辺見十郎太である。十郎太の戦死後、息子の勇彦は貧窮の中で二松学舎に学んだ。華族女学校の学監下田歌子の勧めで中国語を学び、上海に渡った。血気盛んな二五歳の時であった。生活に困り、上海の書店に勤めて本の行商をした。

辺見は当時の心情を「身を捨ててこそ浮ぶ瀬もあれ思い切って行商人に化けて老大国の内情を探査する」と述べている。中国に渡り、食い詰めた青年が情報活動によって生活の糧を得ようとする姿が目に浮かぶ。

辺見は江蘇、浙江、安徽、湖北、湖南、福建を行商して回った。一年たって中国語も流暢（りゅうちょう）に話すようになり、弁髪を垂らして中国服を着た辺見を日本人だと思う者はいなかった。

一九〇四（明治三十七）年二月、日露開戦を知った辺見は十数人の同志とともに東モンゴルに行き、国境の馬賊を糾合して一〇〇〇人の馬賊軍を組織した。「花大人」の満州義軍と呼応して、情報収集、鉄道破壊などロシア軍の後方攪乱を行なった。

日露戦争後は、モンゴル独立運動に参加したり、奉天軍の第二八師団長に納まっていた馬賊の巨頭馮麟閣の片腕となった後、一九〇五（明治三十八）年八月より一九〇八年四月まで奉天将軍趙爾巽の軍事顧問として馬賊隊監督になった。

辺見は、さらに日本の占領地域安東、長春、大連において、軍の力を背景にして華日公司という大賭博場を開帳し、莫大なテラ銭を巻き上げていた。

満州馬賊辺見の隠居所跡

一九一〇（明治四十三）年春、久々に帰国し、弁髪と中国服で豪傑笑いをしながら「支那通」の間を歩き回った。しかし、日本は辺見にとって、もう故郷ではなかった。「満州」に帰った辺見は大連に居を定める。
大連に落ち着いた辺見は、華字新聞『泰東日報』の金子雪斎に私淑し、演説会を開いたり、支持者と語らう日々を送っていた。
辺見は、大連の忠霊塔の下で次のような歌を詠んでいる。

人の世はすべて南柯の一夢

覚むれば同じ有明の月

「満州」の裏面史には、阿片とともに馬賊工作が出てくる。この二つは裏社会の利権と太いパイプでつながり、政治を動かしていた。

木村遼次著『大連物語』によれば、辺見の家は春日小学校〔大連市第二十四中学〕の筋向かいにあったとある。赤煉瓦二階建てだったという辺見の家を探してみたが、高層マンションが立ち並び、昔の面影はない。

21 大連の郭老太太——郭安娜の旧居

中国の国務院副総理、中国科学院院長の郭沫若の名前は日本人にもよく知られている。

郭沫若は一八九二(明治二十五)年、四川省に生まれ、一九一四年に官費留学生として九大医学部の前身である福岡医科大学に学んだ。しかし、耳の疾患から医学の道をあきらめて文学を志し、文学団体創造社を起こした。河上肇の『社会組織と社会革命』を翻訳したころからプロレタリア文学を志向し始めたが、一九二七（昭和二）年、蔣介石の反共クーデターによって郭沫若は日本に亡命した。

郭沫若は千葉県市川市に住み、日本人と結婚し、五人の子供をもうけた。妻の名前は佐藤安娜、仙北平野の高原で馬を乗り回した文学少女であった。しかし一〇万ドルの懸賞がかけられた郭沫若には収入の道はなかった。安娜は貧困の中、夫と五人の子供の口に必死で食物を運んだ。やがて日中戦争が始まり、郭沫若は帰国を決意する。

郭沫若の日本人妻の旧宅

一九三七（昭和十二）年七月のある夜、郭沫若が帰宅すると安娜は針仕事をしていた。その傍で長男和夫と次男博は本を読んでいた。他の子供は寝息をたてていた。翌日早朝、彼は床の中で本を読んでいる安娜にも秘密にして、妻と五人の子供を残して中国に帰国する。安娜は夫が抗日分子ということで警察や特高の監視下で辛い日々を過ごしながら、子供たちを立派に育てあげた。

日本の敗戦後、郭沫若は中国文学芸術連合会主席の要職にあった。安娜は夫、郭沫若の住む香港へ行くことにした。佐世保から台湾に引き揚げる中国人にまぎれて台湾に行き、そこから香港に着いた安娜が目にしたのは、若い中国人女性・于立群と数人の子供と暮らす郭沫若の姿であった。

台湾にもどった安娜は苦悩した。子供たちは中国人であるからには中国で育ってほしい、そう考えて五人の子供を次々と中国に送り出した。台湾に一人残った安娜はすでに六〇歳を過ぎていた。

その後、安娜は子供たちの後を追うように北京へ行った。やがて長男の和夫が大連の化学研究所に勤めることになり、大連に住むようになる。安娜は「一番気に入った住宅を提供しましょう」という市長の言葉をさえぎるように、和夫の職場に近い高爾基路（ゴーリキー通り）の、ごく普通の三部屋の家を選んだ。三部屋の小さな住まいの贅沢は、一部屋だけ畳を敷いてもらったことと、和夫が作った南側のガラス張りの部屋であった。

国務院副総理の前夫人安娜のことは、毛沢東も周恩来も知っていた。毛沢東は会議の席上、郭沫若に安娜に送金しているかと尋ねたそうである。その当時、党中央の指示で大連大学学長の李一亡が安娜の世話をしていた。大連市長をはじめ共産党は安娜に最大の援助をしようとしたが、安娜はことごとく拒否し続けた。

安娜は生活に困った中国人を見ると、名を伏せて援助した。着物に下駄ばきの安娜が天津街で買物をする姿がときどき見かけられた。そんな時も市政府が用意したタクシーには乗らず、市電かバスで出かけた。通りの人はよく「郭老太太来了！」（郭奥さん、ようこそ）と声をかけた。

当時、新聞にはよく郭沫若の記事が大きく載ったが、安娜はあまり目を通さなかった。郭沫若は大連に避暑に来ることがあり、そんな時は孫たちが郭沫若のもとへ遊びにいった。しかし安娜は会うことはなかった。安娜を識る中国の友人も、郭沫若に気兼ねして会おうとはしなかった。

安娜はさびしい気持ちを次のように述べている。

孤独　古壁に黙し　頭たれ、忘れさられようとする日本の犯した罪を　十字架として自らの肩に背負い　過ぎ去りし博多の海鳴りも遠く　新しき歴史の彼方をみつめ　いのち努めし一人のおうな

一九七八（昭和五十三）年六月、郭沫若が亡くなった。安娜は追悼式の報道にも目を留めなかった。

安娜は一九九四（平成六）年八月、上海で他界した。一〇〇歳の大往生であった。一カ月後、その後を追うように長男和夫が亡くなった。

安娜の家の前に住んでいた大連外国語大学の王教授によると、安娜はよくフランス桐がおおいかぶさる緑の高爾基路を散歩し、日本語のできる王教授とはよく世間話をした。王教授は安娜に「真っすぐな生き方」を感じたという。

安娜の住居の棟隣には、一九三二（昭和七）年、ロサンゼルスの第一〇回オリンピック大会に「満州国」の選手として参加することを拒否した世界的な短距離走者、劉長春が住んでいた。現在も彼のお孫さんが住んでいる。

22 市長サハロフ大連脱出――市長公邸

一八九九（明治三十二）年三月に締結されたパブロフ条約によって、ロシアは関東州の租借権を獲得し、海軍中将アレキセーフが関東州の長官に就任した。アレキセーフは大連を商港とすべく、ウラジオストックの港湾建設で功績のあった技師長ウラジミル・ソシリエヒワチ・サハロフに大連の都市建設を命じた。

命令を受けたサハロフが最初にイメージしたのは、パリの街並みであった。

大連市街を欧羅巴（ヨーロッパ）市街、支那市街、行政市街の三部分に分けて建設する計画を立てた。さらに市の中心にパリのエトワール広場を模したニコライエフスカ広場〔中山広場〕を造り、広場から放射状に一〇条の大通りを設け、広場の周囲には官庁、寺院、公共の建物を建てる計画であった。埠頭を起点とし、広場を経て欧羅巴市街を通る幹線道路をモスコー通り〔西通、現在は人民路〕とした。埠頭と停車場を結ぶキエフスキー通り〔長江路〕、広場より老虎灘に抜けるザコロドヌキ通り〔解放路〕、広場より海岸に至るサムソンスキー並木道〔七一街・民意街〕等を造った。さらに、白い花房をつけるシベリアアカシヤをウラル地方から運んで街路を飾った。

大連市長公邸〔大連船舶技術工業学校〕

一九〇二（明治三十五）年五月、大連は特別市となり、サハロフは市長に就任して引き続き大連の都市建設を進めた。ロシアの行政区域となったロシア街には市庁舎〔満蒙資源館〕、市長公邸〔満鉄総裁公邸〕、市民病院〔工業博物館〕、北公園〔北海公園〕、高い煙突の火力発電所、東清鉄道汽船会社〔大連倶楽部〕、ロシア正教教会〔六角堂〕などが建てられた。九五年経過した今でも、ロシア街を歩くとロシアの街にいるような錯覚におそわれる。

一九〇四（明治三十七）年二月、日露戦争が始まった。ロシアの「満州」経営は大きく軌道修正を余儀なくされることになる。三カ月後には奥保鞏大将の率いる第二軍が遼東半島に上陸し、金州南山に向かった。旅順を孤立させるには、背後の南山のロシアの強力な要塞を攻撃する必要があった。

五月、南山の攻防は熾烈をきわめた。南山要塞から大連までは車で一時間の距離である。南山の砲声が大連に響いていたにちがいない。大連のロシア人は不安を感じながらも、堅固な南山要塞は半年は支えられると思っていた。しかし、日本軍は四三八七人の死傷者を出すという無謀極まりない肉弾戦によって、一日で陥落させた。

こうなると大連は無防備である。サハロフは工兵科出身であったが、詩人肌の男として知られていた。サハロフは大連を国際都市とするため、入港する外国の船舶に威圧を感じさせないように、一切の要塞軍事施設を拒否していた。こうした軍事上の防備のない大連は、放棄するしかなかった。

大連のロシア施設の爆破が試みられた。サハロフは、自ら設計し建設した我が子のような大連を自ら破壊する役割を担うことになった。将軍ステッセルの撤退命令が届いたのは深夜であった。翌日未明、ロシア街の入口に大連在住のロシア人五〇〇人余りが集められ、そこから旅順へ向けて四十数キロを徒歩で避難した。すでに大連市街のあちこちでは中国人の掠奪が始まっていた。

このロシア人のいなくなった大連に真っ先に入った日本人がいる。情報将校の石光真清である。石光は一九〇三（明治三十六）年大連に入り、写真屋をしながらロシアの動静をさぐっていた。ロシアの御用商人だった紀鳳台とも関係を持ち、当時、紀鳳台の家（後の旅順ヤマトホテル）に住み、旅順要塞の写真撮影や情報収集を行なっていた。

第二軍に属していた石光は斥候を命じられ、早朝、大連に入り、心臓部の行政区ロシア街に行く。ここはかつて石光が田中写真館という看板を掲げて諜報活動を行なったところである。ロシアの動静を知るには最適の場所である。

田中写真館は窓ガラス一枚割れていなかった。隣のロシア人は「食卓の上には飲みかけの紅茶と食べかけのパンなどがスプーンやナイフなど」（石光真清著『望郷の歌』）を置いたまま姿を消していた。五月二十八日、第二歩兵旅団と豊橋連隊が合流して大連に入り、無血占領した。

サハロフは旅順の激戦を生きぬいてロシアにもどったが、チフスにかかり亡くなったという。サハロフが住んだ市長公邸はロシア街の奥にそのまま残っている。一時は満鉄総裁公邸ともなったが、現在は大連船舶技術工業学校の校舎となっている。

23 旅順監獄と安重根

一九〇九（明治四十二）年十月二十五日夜、長春を出発した伊藤博文の特別列車は目的地ハルビンへ向かった。

翌二十六日朝八時、伊藤は朝食をすませ、車窓をながめながら同乗の側近、室田義文貴族院議員、中村是公満鉄総裁らと談笑していた。

九時、特別列車は厳寒のハルビン駅一番ホームに到着した。歓迎のためにロシア蔵相ココフツェフが列車に乗り込み、サロンで握手をかわした。伊藤は「日露の親和が、この汽車の中に始まり、ますます鞏固（きょうこ）にならんことを望む」と述べた。

列車を降りた伊藤は、ココフツェフとともにロシア儀仗兵を閲兵、出迎えの日本人の方に一礼し、引き返そうとしたその瞬間、儀仗兵の左より銃声がして、ココフツェフに抱えられるようにして倒れこんだ。伊藤は車内のサロンに運び込まれ、医師の応急手当てを受けた。伊藤の身体には銃創が三つ口を開けていた。伊藤は加害者が朝鮮人らしいということを聞くと「馬鹿な奴じゃ」と言って、三〇分後に息を引き取った。

伊藤の遺体は事件発生から二時間後、ロシア軍楽隊の葬送曲に送られて、たった今通ってきた道を特別列軍に乗せられて長春から帰港地大連にもどり、ヤマトホテル別館で大連市民の通夜を受けた。海軍は佐世保港に停泊中の軍艦「磐手」を大連に急派し、十月二十八日、伊藤の遺体を乗せて帰国した。大連埠頭に三〇〇〇人の日本人が見送ったという。

伊藤を狙撃した安重根は一八七九（明治十二）年九月、朝鮮黄海道海州で生まれた。父は科挙の試験に合格し、日本の植民地支配に抵抗する義兵運動を組織した人で、安重根も父の義兵運動に参加した。安重根は同志一四人と、韓国統監をはじめ親日的大臣を暗殺する誓いを立てて、機会を狙っていた。

旧旅順監獄

この日、安重根は朝七時に一番ホームの喫茶店（現在は事務所）に入り、そこでお茶を飲みながら伊藤の到着を待った。

七連発のブローニング自動拳銃から発射された銃弾は六発で、一発残っていた。安重根はロシア兵に羽交い締めにされながら、「コーリヤウラー」（韓国万歳）と叫んだという。

安重根の身柄はロシアから日本のハルビン総領事館に引き渡され、関東都督府監獄署旅順監獄に収監された。安重根は伊藤殺害の理由として、日本による明成皇后（閔妃）の殺害、国王高宗の廃位、良民の殺害、韓国軍隊の解散、教育の妨害、第一銀行券の強制流通、韓国の教科書を押収して焼却したなどの罪状一五カ条を挙げている。

安重根に対する旅順監獄の取り扱いは極めて丁重であった。三度の食事は白米で、果物やお茶が付いていた。上等の煙草が与えられ、綿入れ布団四枚が支給された。安重根は、韓国の日本人と旅順の日本人は人種が違うのではないかとまで言っている。また、取調官も安重根の魅力に引き込まれている。伊藤とともに安重根の銃弾を受けた田中清次郎は、今まで会った人物で誰を一番尊敬するかという問いに「残念であるが、それは安重根である」と答えている。典獄の栗原貞吉は、上司に助命嘆願書まで出している。弁護士の水野吉太郎は、刑は懲役三年が適当と主張した。看守の千葉十七、通訳官の園木末喜も、あたかも肉親のように安重根に尽くしている。

旅順監獄は旅順の旧市外から水師営に行く途中の向陽街にある。一九〇二（明治三十五）年、ロシアは監獄の建設を未完成のまま撤退した。その後、日本が工事を引き継ぎ、一九〇七年から関東都督府監獄署として、関東州、満鉄沿線の重要犯を収監した。

安重根は開獄二年目の真新しい監獄に入れられた。地下一階、地上二階で、二五三の監房に二〇〇〇人を収容した。周囲は四メートルの赤煉瓦の塀が取り囲み、薄暗い廊下を歩くと、人の叫び声が聞こえてくるような感じにおそわれる。安重根の監房は一階にあり、中に布団や机が置かれ、扉には「朝鮮志士安重根」の英雄的行動を讃える言葉が書いてある。

安重根は「東洋平和論」を未完成のまま絞首刑となった。場所は旅順監獄の絞首刑場で、監獄の東南の隅の小高い場所に今でも残っている。二、三段の階段を上がり二坪ほどの部屋に入ると、天井から「の」の字に結んだ綱がぶら下がっている。

赤い囚人服を着た囚人の首に綱を掛け、監獄所長が判決文を読み、しばらくすると足元の床が開き、体が空中に舞う。床の下には丸い桶が置いてあり、刑死者を吊した綱をゆるめると桶の中に落ちる仕組みになっていた。安重根も同様の方法で処刑されたものと思われる。遺体は裏の囚人墓地に葬られたという。

一九九三年、韓国政府は遺骨返還を要請し、朝鮮民主主義人民共和国も調査団を派遣したが、遺骨は確認できなかったという。

伊藤が狙撃されたというハルビン駅一番ホームは、今もそのままである。

24 炊き出しを続けた民族資本家——周文貴の故居

植民地支配下の資本家には、売国奴もいれば愛国者もいる。大連市民なら誰でも売国奴の代表に政記公司の張本政を挙げ、愛国者の代表に順興工廠の周文貴を挙げるだろう。

たまたま周文貴のご子息の周武禄さんにお会いする機会があった。「高所恐怖症でね」と言われながらも高層ビルの一七階にお住まいである。そこはかつて周文貴の順興工廠があったところの近くである。

周さんは七五歳。名門の大連理工大学教授である。周さんが四歳の時に父君の周文貴が亡くなったので、父君の思い出は薄いが、母親や親戚から周文貴の事績を聞かされて育ったという。しかし、周さんは父のことをあまり周囲に語らないようだ。話の輪に入ってきた義理の娘さんは、周文貴のことは学校で教えてもらったが、義理のお祖父さんとは知らなかったようである。

周さんはぽつりぽつりと話された。

周文貴は一八七六（明治九）年、旅順に生まれた。家が貧しいため、兄の周文富とともに馬車引きをして生計を立てていた。日露戦争後の一九〇七年、大連に移り住み、わずかな資本で順興工廠という家内工業を始めた。大連には油房（搾油工場）が多いので部品の調達も多いとふんで、油房関係の部品を生産した。予想通り大当たりして、一九一二（大正元）年にはハルビンに機械工場を建て、一三〇台の機械と一三〇〇人の従業員を擁するまでに発展した。

周文貴は経営才覚が鋭く、民族主義思想の持ち主であった。一九一六（大正五）年、日本の「対華二一カ条要求」に反対する集会で、演壇に上がった周文貴は激高して親指を切断し、そ

民族資本家周文貴の旧宅

の血で決意書を認（したた）め、三万元を献金したという。一九一八年から一九二〇年にかけて関東州は自然災害にみまわれ、各地で餓死者が出た。この時、周文貴は一〇万元を献金し、北「満州」から粟やコウリャンを買い付け、列車を借り切って大連、旅順に運び、炊き出しを続けた。

一九二四（大正十三）年、営口、奉天、長春、吉林などに工場を拡張し、固定資産は三〇〇万元を超えた。こうした発展は周文貴の順興工廠だけにとどまらず、当時、中国の民族資本全体が発展し、日本のシェアは縮小するばかりであった。『満州に於ける金貨と銀貨』（一九二七年、満蒙研究会）によれば、一九二二（大正十一）年の「満州」には日本企業が、銀行二八、金融信託業一一五、倉庫業一〇、運輸業四五、貿易業二〇、商業八三、工業二〇九、農業五、鉱業五など全部で六三四あったが、満鉄、横浜正金銀行、朝鮮銀行、東洋拓殖、三井、三菱などを除くと、黒字企業は「十指を屈するに足らない」状態であったという。

こうした中国の民族資本の勃興と日本資本の凋落（ちょうらく）は、日本の植民地支配を揺るがす恐れがあった。日本当局は、民族資本に対してさまざまな規制を行ない、日本資本を保護しようとした。これにより、周文貴の工場も経営悪化に追い込まれる。

一九二七（昭和二）年、大連から復州に行く船が沈没して周文貴は水死する。五二歳であった。父が亡くなると工場も破産し、周さんの家には毎日債権者が押しかけた。結局、東北軍閥の実力者、張学良が復州鉱山の採掘権を二五〇万元で買い取り、その代金を債権者に支払うことで決着した。周さんは母親の手で育てられ、赤貧洗うが如しという生活が始まったという。

周文貴の故居は旅順口区にある。洋風二階建ての建物は、現在は食堂に転用されている。墓は故郷の水師営の近くにあるという。

冬の寒い日、周文貴の鉄工所を訪ねてみた。沙河口駅でバスを降り、旧ガラス工場の前の鞍山路〔雲集街〕を通り、東北路〔回春街〕に出た。このあたりは工場の立ち並ぶ一角である。古い地図にある順興工廠は東北路に面して建っていたようであるが、探すことはできなかった。

25 「向応同志不死」――関向応の故居

関向応の名前を知ったのは、つい最近のことである。友人に日本統治下の大連の党組織について質問した時、最初に挙げた人物が関向応である。

その友人に誘われて、金州郊外の大関家にある関向応の故居を訪ねた。

リンゴ畑の続く金州郊外を車を走らせた。しばらく走ると、運転手さんが道がわからないという。友人も中学校の時に学校行事で来たことがあるだけで、道がよくわからない。

亮甲店という街まで来て、派出所で地図を描いてもらい関向応の故居をめざした。今度は急に天気が悪くなって、ぽつぽつ来たかと思っていると、雷とともにどしゃぶりの雨になった。よく見ると雹（ひょう）もまじっている。運転手さんは一軒の家の中庭に車を入れて、待機態勢に入ったまま新聞を読んでいる。裏で金属を打ち合わす音がするので、車の外に出てみると、馬を縛り付けて馬蹄を打っているところであった。

しばらくすると雨もやみ、再び走りだした。うとうととしたところで、車がとまった。前に一軒の農家があった。めざす関向応の故居である。

関向応は一九〇二（明治三十五）年九月、ここ大関家で生まれた。満州族で、父の成貴は兼業農家、母の文は勤勉な婦人であった。一〇歳の時に私塾に通い、一二歳で先ほど通ってきた亮甲店の第二普通学堂に入学した。普通学堂とは、日本が農村

関向応の旧宅

地区につくった四年制の初等教育機関で、修身、漢文（中国文）、算術、唱歌、体操、日本語を教えていた。関向応は成績もよく、代筆を引き受けて「村の代筆先生」と呼ばれていた。

一九一八（大正七）年、関向応は普蘭店の公学堂に入学した。公学堂とは、都市部に設けられた六年制の初等教育機関である。当時、普通学堂に通える生徒は村の三割くらいで、まして公学堂に通える生徒となると一割弱であった。比較的裕福な兼業農家であったと思われる。この頃の普蘭店公学堂の堂長は山口二郎という人で、校舎建設に中国人保護者と一緒に汗を流していたという。関向応は、『水滸伝』『三国志』などを読みふけったという。

一九二〇（大正九）年、関向応は大連の伏見台公学堂商業科を卒業する。在学中から民族感情が人一倍強かった関向応は、普通の公学堂卒業生が歩む日本の会社への就職を拒否して、中国人向けの華字新聞『泰東日報』を発行する泰東日報社に入社する。『泰東日報』に入社したことが人生の岐路であった。日本の植民地支配に批判的な記者たちと議論する中で、関向応の民族感情はさらに強くなった。

一九二三（大正十二）年、関向応は共産党青年組織の社会主義青年団に入り、ロシアのモスクワ東方労働大学に留学し、共産党に入党する。その後、共産党の幹部として活動し、一九四六（昭和二十一）年七月、肺病のため延安で死亡した。毛沢東は彼の死を悼んで「向応同志不死」（関向応同志は死なない）という題辞を書いて贈った。

関向応の故居の入口には、父が植えたという大きな槐（えんじゅ）の樹が植えられ、庭には碾臼（ひきうす）が置いてある。母屋には両親の部屋があり、その西側には関向応がお婆さんと住んだ部屋がある。オンドルの上には関向応が使ったランプと小さな机が置いてある。故居の裏には記念館があり、多くの写真が展示してある。

もう少しゆっくり見たかったが、運転手さんが帰りの時間を気にしていたので、お礼を言って記念館を出た。

26 男装の麗人、川島芳子と大連

「満州」の裏通りを派手に動き回った女性がいた。清朝の粛親王善耆（ぜんき）の一四番目の娘、金璧輝（きんへきき）である。辛亥革命の際に粛親王とともに旅順に逃れ、七歳の時に大陸浪人の川島浪速（なにわ）の養女となり、川島芳子と名乗っていた。

義父の川島浪速は一八六五（慶応元）年、長野に生まれた。一八八〇（明治十三）年に福島種臣らと興亜会を組織し、東京外国語学校支那語科を卒業した後、同郷の福島安正大尉を頼って上海に渡り、大陸浪人生活を始める。一八九五年には乃木大将の台湾「征伐」に通訳官として随行し、阿片行政にかかわる。おそらく石本鏆太郎（前述）と一緒に仕事をしたと思われる。

一九〇〇（明治三十三）年、義和団の乱に遭遇して「紫禁城開城」で有名になり、この時から粛親王の知遇を得て清朝皇族と関係を持つようになる。辛亥革命で清朝が滅亡すると、川島は「満州」を拠点に清朝の復辟をはかろうとした。いわゆる「満蒙独立運動」である。川島は粛親王の北京脱出に手を貸し、続いて粛親王一家六十余人を清国から奪った軍艦鎮遠に乗せ、大沽（天津）から旅順の粛親王のもとに逃走させた。芳子もその一人であった。

川島は同じ大陸経営を志す日清貿易研究所の荒尾精とは違い、ロシアの脅威に備え、「東洋死活の枢機は全く満州の上に存在する」という考えを持ち、「満蒙独立運動」を画策した。一九一四（大正三）年、川島は「満州特殊部隊」二八〇〇人を組織して大連の寺児溝で軍事訓練を行なったが、一九一六年六月、袁世凱の死によって情勢は一変する。日本政府は後継者の黎元洪を支持し、満蒙独立の挙兵阻止に動いた。大連の「満州特殊部隊」は一夜にして瓦解した。「満州国」建国後、溥儀は日本を訪れた時、特に川島に謝辞を述べたという。

川島の養女の川島芳子こと金璧輝は、松本高等女学校を中退した後、一九二七（昭和二）年に蒙古王パプチャップの息子で日本の陸軍士官学校出身のカンジュルジャップと旅順ヤマトホテルで結婚する。その後「満州事変」の直前に溥儀の妻の婉容を天津から旅順に連れ出すなど、政治の裏舞台で動いた。上海での日本人僧侶襲撃事件、上海事変の情報収集などにも関与した。「満州国」建国以降は安国軍司令となり、「満州国」国軍最高顧問の多田駿大佐の配下に入り、三〇〇〇人の司令官として熱河作戦にも参加した。

日本の敗戦後、芳子は国民党政府に逮捕され、一九四八（昭和二十三）年三月、北京第一監獄で処刑された。川島浪速は翌年、東京で死去した。

川島浪速の住んだ家は、聖徳街三丁目〔五一路〕の市電停留所の前にあった。現在、表は商店になっているが、内側はまわりに部屋のある吹き抜けになっており、七家族が住んでいる。相当傷みが激しく、建て替えの計画があるという。

大陸浪人川島浪速の旧宅

芳子が三十代のころに住んだ粛親王第七子の金壁東の家は、星ヶ浦公園の海の見渡せる高台にある。現在は星海賓館というホテルの食堂になっている。当時一五万元を投じて建てたというだけあって、重厚な風格を感じさせる建物である。中に入ると外の暑さが嘘のようで、海風を受けてひんやりした空気に包まれ、天井の古い扇風機だけで十分であった。裏に回ると、一段上がったところにバラと海棠（かいどう）の街路樹が植えられている。

ホテルの支配人の話によると、金璧東が「満州国」の鉄道守備隊司令、黒龍江省省長就任後に建てたもので、当時は金璧東公館と呼ばれていた。溥儀は二回目に大連に来た時、ここに恭親王と住んだ。解放後は周恩来、林彪等が滞在した。

帰りがけに賓館を見上げると、一番上の窓に女性の宿泊客の姿が見えた。ふと川島芳子の影が見えたような気になった。

27 閻錫山の別荘——文化街

閻錫山（えんしやくざん）は、中国軍閥の中でも最も魅力に富んだ人物の一人であると言われている。清末の官費留学生で、一九〇九（明治四十二）年に日本の士官学校を卒業した。在学中に同盟会に入り、辛亥革命が起こると故郷の山西省で決起したが敗れた。しかし、民国成立後は山西都督に就任し、以後三八年間にわたり「山西王」として独立した政治勢力を築いた。地方軍閥の中で最も長期に君臨した人物である。

閻錫山は最初から中央政権と距離を置き、阿片・賭博の禁止、植樹・養蚕の奨励、纏足（てんそく）の廃止等を唱え、いわゆる「山西モンロー主義」を実行したことでも知られる。また、「反共」「抗日」「連共」「親日」と、ころころと変わる彼の政策は理解できない謎となっていたが、日本はあらゆる機会、人脈を通じて閻錫山の取り込みを試みていた。

一九二八（昭和三）年、閻錫山は「山西モンロー主義」を捨てて蔣介石の第二次北伐に参加し、その勝利後は国民党軍でナンバー2の地位にあった。その後、山西で育成した二〇万の軍隊を背景に反蔣介石の旗をあげたが、失敗して追われる身となり、天津の日本総領事館に逃げ込む。士官学校の同期で奉天督軍顧問の土肥原賢二が手引きをしたと言われている。

一九三〇（昭和五）年九月、閻錫山は天津から日本の船に乗って、密かに大連入りした。大連での閻錫山は読書三昧（ざんまい）の毎日であった。ある時は士官学校時代の日本人同窓生に誘われて、日露戦争の戦跡めぐりを行なったり、大連在住の山西出身者と歓談して過ごした。

一九三一（昭和六）年八月に石友三の反蔣介石運動が起こり、閻錫山は山西帰還を決意する。しかし二〇万元の賞金のかかった身では、陸路をとることはまず無理である。そうかといって海のない山西では海路をとることもできない。そこで閻錫山の考えたのは空路による帰還であった。

中国側の『閻錫山年譜』と日本側の『外務省外交文書』を突き合わせながら、閻錫山の山西帰還を追ってみよう。

閻錫山はまず、関東軍の情報将校、新井匡夫参謀に相談した。関東軍は閻錫山を山西に帰還させ、張学良の東北軍を背後から攻撃させ、張学良勢力を一掃する作戦を立てていた。新井参謀はさっそく飛行機の手配を申し出たが、閻錫山は大日本航空株式会社の大連出張所支配人の麦田平雄に対して飛行機の購入を申し出た。もしも日本軍の飛行機で帰還したということがばれると、閻錫山自身の立場が悪くなる。しかも、日本の幣原外相は他国の内乱を助長する行為は不干渉主義の方針に反するとして反対していた。

空路とはいっても張家口までは張学良の勢力範囲であり、学良軍の戦闘機による攻撃も予想され、場合によっては国際紛争に発展する可能性があった。しかし、関東軍が先導するかたちで決行となった。

背後には麦田支配人と士官学校同期の甘粕正彦がいた。甘粕は元憲兵大尉で、関東大震災の際に無政府主義者の大杉栄・伊藤野枝と大杉の甥・橘宗一を虐殺し、軍法会議で懲役一〇年の判決を受けたが、刑期半ばにも達しない三年で出獄して「満州」に渡っていたのである。当時は関東軍の下で働いていたが、「満州事変」で暗躍し、後に満洲映画協会の理事長として隠然たる勢力を築いた。

一九三一（昭和六）年八月五日早朝四時半、閻錫山、秘書の斯瑞萱、麦田を乗せた飛行機は周水子飛行場を飛び立った。機体の国籍番号と登録番号は消されていた。飛行機は逆風のため一時間遅れて午前九時半に大同飛行場に到着し、閻錫山らは徒歩で傅作義の家に到着した。

この閻錫山の脱出劇は南京政府をはじめ各方面で大きな問題となり、排日運動の火種となったことはいうまでもない。「満州事変」一カ月半前のことである。

閻錫山は大連では星ヶ浦〔星海公園〕の近くの黒石礁に住んだ。赤煉瓦の三階建ての建物で、付近には満鉄の高級幹部が住む住宅が並んでいた。現在は中国海軍の退職幹部住宅になっている。

閻錫山の別荘〔大連第一幹部療養院〕

閻錫山はその後、高級住宅地の文化台〔文化街〕の住宅に移った。ここは現在は大連第一幹部療養院として使われている。周囲をアカシヤやヒマラヤ杉に囲まれた二階建ての趣のある建物である。周囲の芝生の緑と屋根瓦の赤が鮮やかである。最近敷きかえたと思われる敷石にそって行くと、庭の手入れをしている守衛さんに呼び止められた。閻錫山のことを尋ねると、眉をぴくっと動かして強い口調で帰るようにうながした。

閻錫山が散歩したであろうゆるやかな坂道を通って帰った。

28 大連の大買弁資本家、張本政——政記公司

一九五一（昭和二十六）年五月六日、大資本家の張本政が人民裁判の末に公開処刑された。大連に住んだ人なら誰でも、張本政の名前を聞いたことがあるだろう。

張本政は一八六五（慶応元）年十二月、水師営に生まれた。父親は漁師で、山東省から旅順にやってきた。私塾に通っていたが、一六歳の時、漁に出た父親と祖父が暴風雨に遭い遭難した。張本政は家計を助けるために私塾をやめて、三年間店員として働き、商才を発揮して雑貨店を開くまでになった。一八九四（明治二十七）年、旅順で日本の情報機関の高橋藤兵尉とめぐりあう。高橋は旅順で酒屋をしながら、清国の軍事情報を収集していた。

張本政は高橋の手下となって、膨大な情報を提供したという。日露戦争が始まり、今度はロシアの情報を日本軍に流し、「日探」（日本のスパイ）として旅順を追放される。しかし、張本政はもう一つの顔を持っていた。ロシアの買弁資本家である泰鳳が経営する徳和洋行の大番頭をやっていて、日本の情報も流していた。つまり二重スパイを演じていたのである。

日露戦争後、張本政は山東省芝罘に海運会社政記公司を興し、大連に進出した。対ロシア情

報活動を「功績」とし、かつて高橋から習った日本語を使って日本軍に取り入り、事業を拡大していった。第一次世界大戦は、張本政の海運業にとって千載一遇のチャンスだった。日本と中国の両方から海運の注文が殺到した。一九二〇（大正九）年には二三隻の船舶を保有するまでになり、政記公司を改組し、銀行業、両替業、採油業、製糸業と多角経営に乗り出した。

一九三七（昭和十二）年八月、日本の上海進攻が始まると、政記公司は軍用物資の運搬を行なった。さらに太平洋戦争が勃発すると、軍需受注で業績を伸ばし、保有船三九隻、船員一五〇〇人にまで膨れあがり、張本政は「海運王」と呼ばれるまでになった。

張本政は中国人に対して「貯蓄報国」「貯蓄増強運動」を起こし、その利子で飛行機や大砲を軍に献納した。また、絶えず中国人の代表として大連国防会館発起人、万国道徳会会長、大連赤十字副会長、興亜奉公連盟総顧問など四九もの職務を歴任した。同じ資本家でも、大連の農民の災害救済で財産を使いはたして倒産した周文貴とはまったく逆の生き方といえる。

一九四五（昭和二十）年、日本の敗戦後、張本政は変わり身の早いところを見せた。駐留ソ連軍に協力するという名目で「大連地方治安維持会」を組織し、大連警察をまきこみ、新たな地方政権をつくろうと目論んだのである。しかし、これは茶番劇に終わった。

大連では一九四五（昭和二十）年の冬から翌年末にかけて、大衆による「苦しみを訴え、清算を行なう」という反漢奸清算闘争が始まり、張本政は逮捕された。一九四七年、張本政は大

大買弁張本政の旧居

連市地方法院で国家反逆罪に問われ、一二年の有期刑、全財産没収、参政権永久剥奪を言い渡された。しかし病気保釈を機に上海、瀋陽、天津と逃げ回り、一九五一年に天津で逮捕された。

かつて大連高等公学校の生徒だった閻さんは、張本政の処刑を見た群衆の一人である。大連市長だった遅子祥ら数十人とともに「大漢奸」「反革命分子」といった罪状を書いた板切れを首にさげて市内を引き回された後、春日池〔緑山池〕のほとりで銃殺されたという。

張本政の政記公司は、路面電車の行き交う監部通〔長江路〕の十字路にあった。解放後は一時、大連市中山区人民政府の事務所として使われていた。現在は外壁をピンク色に塗り替えられ、鉄道局の社宅となっている。

春の暖かな日、張本政の旧居を訪ねてみた。大連理工大学の裏門の坂を凌水街の方に上っていくと、第七人民医院の建物が見える。その裏手に、張本政の旧居が今も堂々と建っている。一九二〇（大正九）年に建てられ、解放後は軍の病院として使われていた。なお、第七人民医院は心の病を抱えた患者のための病院であるという。

29 日本人になった男――劉雨田の故居

関東州では、清国の旗が掲げられた時代に始まって、日清戦争後の日本統治期の日の丸、三国干渉以後の清国統治期の清国旗、ロシアの租借期のロシア国旗、日露戦争後の日本統治期の日の丸と、支配者が入れ替わるごとに掲げる旗がめまぐるしく変わった。複数の異民族支配下で身を処していくことは難しい。ある者は面従腹背、ある者は民族英雄、ある者は売国奴、ある者は二面派、ある者は流れに身をまかせる生き方と、さまざまな人間模様があった。

解放後、売国奴として処刑された者の中に劉雨田がいる。劉雨田は一八七〇（明治三）年、大連郊外の普蘭店に大地主の子として生まれた。祖先は山西省太原に住んでいたが、明代末期の李自成の乱によって関東州に来たと言われている。

劉雨田と日本の関係は、日清戦争に始まる。日本軍が花園口に上陸して近くの住民がパニック状態になっている時、劉雨田は日本の軍営に行き、金州の精密地図、金五〇〇両、馬五〇頭、牛一二頭を献上し、大山巌第二軍司令官に会った。

劉雨田の回想によると「日本軍は軍兵以外には何等の害を加えぬ」ことを知り、協力を申し出たとある。「害を加えぬ」というのは真っ赤な嘘で、その直後に日本軍は旅順で多くの住民を虐殺している（後述）。

彼は軍営を出る時、一人の兵士に中国語で話しかけられる。その兵士は後に天津領事になった鄭永昌で、祖先は明の遺臣だったが、長崎に渡って日本に帰化し、代々通訳をしていた。父の鄭永寧は日清修好条規交渉の折に通訳を務め、弟の鄭永邦は『官話指南』という中国語教科書を編集したことで知られる。鄭永昌は劉雨田に、日本人になれば未来が開けると言ったという。さらに劉雨田は通訳として従軍していた「日清社」の広部精にも会っている。

日清戦争では、劉雨田は軍隊の道案内や民衆に対する宣撫工作を買って出た。戦争が終わると日本軍と一緒に東京に行き、帰化を申請して日本人になり、亀山松太郎と名乗った。日本人妻を娶（めと）り、中国語学校の善隣書院で中国語の講師をしていたが、一八九八（明治三十一）年、日清戦争の軍功によって陸軍大学の中国語教授になる。

日露戦争が始まると旅順郊外の農村に一カ月潜伏し、情報活動に従事した。劉雨田は上の者に取り入る術に長（た）けていたようで、乃木大将に何度も会い、旅順陥落後の水師営の会見では乃木とともに記念写真におさまっている。日露戦争後は関東都督府の嘱託をしながら、私財を増やしていき、普蘭店に三〇〇〇畝（ムー）の土地を持つ大地主となった。太平洋戦争が始まると、「大東亜聖戦」を支援するとして一二〇〇〇畝の土地を売り、「雨田号」という飛行機を日本軍に献納した。また、息子は日本の大連第一中学校、娘は神明高等女学校に入れた。

解放後、劉雨田は吉林省に逃げて土地の農民になりすましていたが、一九五一（昭和二十六）年に逮捕され、売国奴として処刑された。

夏、劉雨田の故郷の泡子郷に行った。大連駅から長距離バスに揺られて倭寇の防衛陣地であったという普蘭店へ行き、普蘭店からさらに貔子窩に向かう道路の途中に泡子郷があった。泡子郷は沙河の湿地帯に広がる農村地帯であった。

劉雨田の故郷泡子郷

　旧居を探し当てることはできなかったが、劉雨田を知る人に会うことができた。図書館の司書をしていたという王さんは、劉雨田を弁護するように、日本国籍をとった彼を売国奴というのはおかしい、彼は中国人初等教育機関である公学堂南金書院や普蘭店公学堂を造るために努力したこと、婦人の纏足（てんそく）を一掃するために「天足会」をつくって教化したことなど、いい面もあったと話してくれた。

　先に述べた大賀一郎に古代ハスの種を提供したのは、この劉雨田の夫人である。たまたま西広場〔友好広場〕のキリスト教礼拝堂で、隣に坐ったのが縁だったという。

植民地の爪痕

30 旅順大虐殺——万忠墓

日露戦争の旅順攻防の陰に隠れて、日清戦争の日本軍による旅順大虐殺は知られていない。一八九四（明治二十七）年十一月、大山巌を司令官とする第二軍は金州、大連を攻略し、続いて旅順に向かった。旅順には清国が十数年の歳月と巨費を投じて構築した難攻不落と言われる要塞があったが、激戦の末わずか一日で陥落させ、日本軍は旅順市街地に進攻した。同時に、市民に対して三日三晩にわたる大虐殺が行なわれた。中国の文献は次のように記録している。

日本軍の残虐行為は目を覆うばかりである。身籠った女性の乳房を引き裂き、孫を抱いた老夫婦を孫もろとも殺害した。池の傍では日本軍が逃げ惑う中国人を池に投げ込み、池は中国人で一杯になった。そこへ銃弾を浴びせ、浮かび上がると、さらに笑いながら銃弾を打ち込む。池は真っ赤に染まり、隙間のないくらい中国人が浮いていた。次々に中国人を捕まえてきては弁髪を結び、弁髪に引かれて逃げ惑う中国人を笑いながら一人一人殺していった。金持ちの家に入った日本軍は指輪を取るために指を切り落とし、イヤリングを取るために耳を削ぎ落とした。この三日間に二万人が虐殺されたと言われている。（『百年之旅』一九九九

年）

当時、欧米の従軍記者によって旅順大虐殺が世界に報道された。日本は清国兵が市民に紛れこんだためという弁明をした。そして日本軍は欧米の批判をかわすために、中国人による死体収拾隊を編成し、市内の死体の収拾にあたらせた。街を歩いていて中国人ということで殺される恐れがあったので、死体収拾隊は「此人殺スナ」と書かれた鉢巻きをして作業を行なった。中国人の死体は三カ所に集められ、油をかけて燃やされた。

虐殺の翌一八九五（明治二十八）年二月、欧米の批判を和らげるために、日本軍は三カ所の中国人遺体を嶺南花溝に集めて再度油をかけて燃やし、灰を三つの棺桶に入れて埋めた。その場所に「清兵戦亡之所」という木片を立てた。

同年十一月、三国干渉によって旅順は中国にもどってくる。清国の旅順知事は「万忠墓」を立て、碑の裏に「日本敗民旅順不守官兵商民男婦難者一万八百余名口忠骸火化骨灰叢葬於此」（旅順を守ることのできなかった将校兵士商民男女犠牲者一万八百人の忠義の遺骨ここに眠る）と書いた。簡潔で素直な文章であるが、中国人の心情をよく表している。

日露戦争後、日本当局者は「忠」の歴史を刻んだ「万忠墓」が目障りだった。そこで碑文の「日本敗民」という言葉が不適当であるという理由で、「万忠墓」は近くの旅順病院構内に移された。

一九二二（大正十一）年、旅順の民族資本家の陶旭亭が新たに「万忠墓」を立てようとした。日本当局者は有力者ということで建立を認めたが、中国人の抗日のシンボルになることを恐れた。現に、ある小学校の教師が遠足で「万忠墓」の前を通る時、生徒とともに黙禱しただけで逮捕されるという事件が起こっている。一九三五（昭和十）年には、地方史研究者の孫宝田が日本の旅順大虐殺を調査して史実の保存に努めた。

万忠墓

一九四五（昭和二十）年、日本の敗戦によって旅順は解放された。旅順市政府は「万忠墓」を探し、やっと旅順医科専門学校の東の隅の壁に寄り掛かるようにして立っているのが発見された。一九四八年、「万忠墓」は元の場所にもどされ、落成式が行なわれた。

「万忠墓」は、白玉山を迂回するように九三路を北に行ったところにある。一九九三（平成五）年、最初に訪れた時は夏草が茂る丘であった。聞くところによると、一九九四年十一月、日清戦争百年を記念して「万忠墓」の傍らに万忠墓記念館が建てられたという。

31 金州郊外の万人坑

歴史は歴史から学ばないと何度でも同じことを繰り返す、という言葉をどこかで聞いたことがある。金州郊外の「万人坑」は、日本人が忘れてはいけない負の遺産を遺している。

一九四二（昭和十七）年八月、日本は金州郊外の龍王廟に陸軍病院の建設を始めた。「陸軍病院」というのは名目で、戦後明らかになった資料によると、関東軍六九三部隊の細菌兵器の実験場とする計画であった。

一説によると、ハルビン郊外に位置する七三一石井部隊はソ連国境に近すぎるために、対ソ戦に備えて第二の七三一部隊を建設する計画が秘かに進められ、南「満州」の最南端に位置する大連郊外の金州に決まったという。もう一つの理由は、七三一部隊の支隊と言われる満鉄衛生研究所が大連にあったことによると言われている。

日本軍の戦況悪化から、建設は急を要していた。日本軍は人海戦術に出た。山東省、河北省、江蘇省などから約一万人（苦力八七〇〇人、木工七三五人、瓦工一四〇人、鉄筋工二七人、電気工一〇〇人、不明三〇〇人）の中国人を強制連行して工事を始めた。

ソ連進攻の情報が流れると建設工事の作業が加速され、労働は苛酷をきわめた。そこに追討ちをかけるように深刻な食糧難が襲い、労働者の口に入るのは黴のはえたコウリャン、トウモロコシ、大豆粕などであった。こうした苛酷な重労働の中で、人夫はバタバタと倒れていった。倒れると、たとえまだ息があっても龍王廟の手前の斜面の「万人坑」に運ばれ、そこに捨てられた。日本の敗戦までに、全中国人人夫の七六・八パーセントにあたる八〇五七人が死亡したという。

冬の寒い日、戦前に東京工大を卒業された金州出身の田宜烝先生に案内していただいて、金州郊外の龍王廟の近くにある「万人坑」に出かけた。

万人坑

大連駅から長距離バスで一時間ほど揺られ、さらに金州の市街地で車を拾った。金州の西北を流れる北河を渡ると、龍王廟が見える。この龍王廟の手前の斜面が大きくえぐられ、栗の樹の間に石碑が散乱している。田先生の話によると、半ば殺された人夫たちが、この「万人坑」に野ざらしにされたという。「万人坑」に立つと、たまっていた胃酸が逆流するような感じに襲われ、めまいを感じた。

「万人坑」を上りきったところに展示場があったが、あいにく長期休館中であった。この時の通訳の李徳さんの話によると、日本軍が突貫工事で造ろうとした「陸軍病院」は、地上は一、二階建てで、多重式の地下室があったという。病室は少なく、壁はタイル張り、床にはコンクリートが打たれて、一般の病室とは違っていた。また、ボイラー兼焼却炉が八基あったという。「陸軍病院」は一九四五（昭和二十）年八月十五日からの三日間で、日本人によって徹底的に破壊されたという。証拠隠滅を図ってのことである。

かつての「陸軍病院」は現在、軍関係の施設となっている。軍区ということで、門衛さんから特別の許可をもらって中を見せてもらった。正門を入ると、プラタナスの並木が続く広い病院の奥に、かつての「病棟」が残っていた。建物はほとんどが一、二階建てであるが、地下に広大な細菌実験施設があったという。破壊しきれなかった「陸軍病院」の資料が保存されているということである。

帰りがけ、栗の樹の根元に、土に埋もれた骨を見つけた。田さんに示すと、動物の骨だという。一九七〇（昭和四十五）年、金州市民の手によって「万人坑」一帯の遺骨収拾が行なわれ、遺骨は埋葬されたという。

32 大連の七三一部隊——大連衛生研究所

科学は人を救うこともあれば、人を殺すこともある。「満州」では、周期的に襲ってくるペストやコレラといった伝染病で多くの人々が命を奪われた。北里柴三郎や野口英世が「満州」で防疫活動に従事したことはよく知られている。

満鉄では伝染病の伝染ルートである港湾と鉄道の防疫に力を入れ、苦力（クーリー）の移動ルートの防疫に努めた。

一九二六（大正十五）年一月、下葭町〔連勝街〕に満鉄衛生試験所が設置された。財政難から設置が見送られていたが、満鉄付属地の伝染病患者が約三〇〇〇人、死者が三六〇人を超えたために設置に踏み切ったと言われている。

満鉄衛生試験所は一九二七（昭和二）年四月に満鉄衛生研究所と改称し、同年十一月に業務を開始した。細菌科、病理科、化学科、衛生科、血清科、痘苗科の六科に分かれ、予防治療薬、治療薬、診断用薬剤の製造が行なわれ、猩紅熱（しょうこうねつ）、満州チフス、発疹チフス、ペスト等の伝染病に関する研究が行なわれた。一九三四（昭和九）年には日本人職員が九一人に増員された。手元の満鉄編『衛生研究所要覧』（一九三六年）によると、二万平方メートルの敷地内には中央の試験場を取り囲むようにペスト室、小動物室、ペスト動物試験室、汚物焼却室、牛馬検疫室、血清採取室、広い放牧場、厩舎（きゅうしゃ）、消毒室、予防室、チフス室が並んでいる。また、正面の本館には研究室八部屋、製造室五部屋、試験室七部屋が設けられていた。

研究所は一九三八（昭和十三）年、満鉄の管轄から関東軍に移管されて関東軍第三一九部隊となり、対外的には大連衛生研究所と改称された。この時からハルビンの七三一部隊の指揮系統下に置かれることになる。大連衛生研究所は血清、痘苗、治療薬の製造を主とし、研究を従とするという方針が出されていたが、七三一部隊の研究員の水準を凌駕（りょうが）すると言われた満鉄採用の優秀な研究者を擁しており、一九三六（昭和十一）年には研究所内外に二八四編の論文を発表し、七二回の研究会が開催されている。戦後に戦犯となった安東洪次所長は、猩紅熱に関する論文一三編を発表している。大連衛生研究所は七三一部隊の指揮下で、金州の陸軍病院（関東軍六九三部隊）とともに細菌戦の実験場であったと言われている。

大連衛生研究所は治療薬を主とするという方針のもとで、淋菌、肺炎球菌などのワクチン類や赤痢菌、腸チフス菌の血清類、診断液、予防液など八三種類を生産した。さらに年間七二万人分の痘苗を生産し、多くの人々を救った。しかし、一九四〇年代に入ると七三一部隊との連携をさらに強め、要請された実験を行なった。日本人元職員の戦後の証言によると、生体細菌

大連衛生研究所〔大連製薬廠〕

実験が行なわれていたこと、ジフテリア菌が衛生研究所から七三一部隊に空輸されていたこと、一九四四（昭和十九）年の秋には実験用ネズミが逃げ出して研究所の周囲一キロを交通遮断したことなどがあったという。敗戦直後、大連衛生研究所は証拠隠滅をはかるため細菌類をボイラーで焼却し、焼却しきれないものは大連湾の沖に投棄したという。

解放後、大連衛生研究所は大連製薬廠（大連製薬工場）となった。大正広場（解放広場）の近くを南に行ったところにある。一九九八（平成十）年冬に訪れた時、ちょうど工場取り壊しの最中であった。大連製薬廠を定年退職した孫さんに案内してもらい、廃墟と化した工場を見てまわった。大きな円筒形のボイラーの横を通って主工場の中に入ると、薬品の強い臭いがした。無数の薬品のビンが散乱している。『衛生研究所全図』（一九三七年）に基づいて、かつての建物を探したが、わずかに瓦礫（がれき）の散乱する本館と、倉庫になっているワクチン製造室の建物を残すのみであった。

力とは殆んど運命の影の如く見える。

33 碧山荘――「舌のない人間」のたこ部屋

彼等は舌のない人間のように黙々として、朝から晩迄、此重い豆の袋を担ぎ続け担いで、三階へ上がっては、又三階を下りるのである。其沈黙と其規則づくな運動と、其忍耐と其精力とは殆んど運命の影の如く見える。

一九〇九（明治四十二）年九月、大連を訪れた夏目漱石が旅行記『満韓ところどころ』で中国人人夫について述べた一節である。

漱石が大連を訪れた年に、満鉄は大連埠頭の荷役事業を行なう福昌公司人夫配給所を開設した。山東省から渡ってきた苦力八〇〇〇人を雇い入れ、大連湾の西の寺児溝に碧山荘という宿舎を建て、そこに集中して住まわせた。碧山荘は赤煉瓦の平屋造りであったことから、通称「紅房子」と呼ばれていた。

その後、大連経済の浮沈とともに苦力の数は増減するが、多い時は三万五〇〇〇人を超え、「紅房子」の建物群は寺児溝の山の斜面に這うように増殖していった。

真夏の昼下がり、市電に乗って寺児溝に出かけた。

古い写真で見た「紅房子」はどこにもなく、高層マンションが立ち並ぶ住宅地区になっていた。通りがかりの古老に「紅房子」を尋ねると、「紅房子、そんなのもうないよ」と、けんもほろろの答えが帰ってきた。過去の暗い歴史を振り払うような表情であった。

この古老の話によると、一〇年くらい前までは「紅房子」が点在しており、そこに自分も住んでいたという。その後、取り壊されて、今のマンション群になったという。

海の方に歩いていくと、平屋の家が一〇軒ほど集まったところに出た。古くなった家屋から漆喰（しっくい）が剥（む）き出しになっている。その一軒から日本の歌謡曲が聞こえてきた。声をかけて入ると、若者がベッドに横になっていた。若者の話によると、近くの大連市第三十五中学の中に「紅房子」が残っているという。若者の後をついていくと、校舎の隅に煉瓦造り二階建ての小さな建物があった。生徒に過去の歴史を教えるために残してあるという。

「紅房子」を教えてくれたこの若者のお祖父さんが仕事をしている居民委員会（町内会）に行った。行くと、すでに携帯電話で連絡が入っていた。若者のお祖父さんは劉さんといい、皺（しわ）くちゃの顔をさらに皺くちゃにして迎えてくれた。劉さんは文化クラブの退職職員で、「紅房子」のことを調べたことがあるという。家から資料を持ってきてくれた。

碧山荘は約一四万平方メートルの敷地に「紅房子」と呼ばれた平屋が整然と並んでいた。煉瓦造りであるが、屋内は中央を通路が貫き、両脇に板張りのベッドが並べられていたという。

コウリャンマントウ四個と漬物が食事であった。

苦力はほとんどが山東省からの出稼ぎ労働者で、苦力頭の下に一四、五人が一グループに分けられ、ピラミッド型の組織となっていた。その中に「抗日組織」を監視する闇のネットワークが張り巡らされていたという。

四五キロの大豆袋を担ぎ、賃金は日本人労働者の四分の一程度で、来る日も来る日も朝から夜まで一四時間も汗を流した。しかし、こうして稼いだ賃金もほとんどが阿片で消えた。「紅房子」の中には公設の阿片吸煙所があちこちにあった。さらに「官営彩票」（宝くじ）で吸い上げられた。

碧山荘跡〔寺児溝街〕

病院と浴室が設けられていたが、苦力の健康状態は劣悪だった。安心立命のための寺院として天徳寺が建てられ、娯楽のための劇場では映画が上映されていた。朝四時、丘陵の中腹にある天徳寺の「催命鐘」（命を削る鐘）が鳴ると、暗闇の中を苦力たちが河のように列をなして港に向かって下りていく姿が見られたという。

戦況が悪化してくると物資が欠乏し、餓死したり凍死する者が多くなった。一九四三（昭和十八）年三月から六月までで

「紅房子」内で死亡した苦力は三五二〇人に上ったと伝えられている。日本当局者は中国人の死者の多さに驚き、万霊塔を建てた。さらに旧暦七月十五日には「招魂祭」と称して、一年間に死亡した中国人の名前を記した紙の舟をつくって海に流したという。

かつての天徳寺と万霊塔は破壊され、アカシヤの大木を残して平地になっている。映画館は「東風電影館」という看板だけを残して廃墟となっている。

34 阿片の話——北京街阿片窟

関東州では阿片吸煙を届け出制にして徐々に吸煙者を少なくするという、阿片専売制が行なわれていた。その理由は「支那人の阿片吸煙は積年の悪習にして其の弊風牢乎として抜く可からず遽に之を断禁するは民情に反し衛生上亦大に顧慮すべきあるを以て……」(『関東庁施政二十年史』、一九二六年)とされていた。

しかし、この理由は納得できない。一九二四(大正十三)年の「国勢調査」によると、関東州における中国人の阿片吸煙はわずかに〇・二三パーセントである。すでにこの時点で「積年の悪習」は克服されていたと見るべきである。

それでも、関東州では依然として阿片専売が行なわれた。本当の理由は財政上の問題である。関東州の経常収入のほぼ半分は阿片専売によるものであったという。そのため一九三四（昭和九）年の吸煙者は四万三九八一人と二〇年間で一五倍に増加し、阿片窟も一四九カ所に増え、その収益も六三七万円になっている。つまり関東庁は財政上、阿片収入を確保するために専売制度をゆるめていることがわかる。

北京街阿片窟跡

「国勢調査」によると、関東州で吸煙者の割合が最も高い地域が大連で、吸煙年齢は五〇代が一番多く、職業は家事使用人や商人が最も多いという結果が出ている。
大連で阿片窟が集中していたのは北京街界隈である。北京街は関東州庁、関東地方法院（裁判所）の裏手にあり、法の番人に庇護されるように阿片密売が行なわれていた。
北京街は中国人の街である。今枝折夫著『満州異聞』によると、安い阿片窟は部屋に仕切りがなく、オンドルの上に布団が敷いてあるだけである。一〇人が一〇人とも横向きになり、足を海老（えび）のように折り曲げて寝ており、そのまわりで老板（主人）

が煙管（きせる）を持って世話をするといったものだそうである。

同書によると、中国人が阿片を常習するのは道教に関係があるという。阿片を一服すると仙人の境地になって空をただようことができ、音楽を聴く時に阿片を一服すると音楽の深淵に至ることができ、カントの深遠な哲学さえ理解することができると述べている。しかし、この阿片に足をとられると底なし沼に落ちるとも述べている。

ずっと以前、北京に住んでいた時、風邪を引いて咳（せき）が出ると、病院で飴色の液体の薬をもらった。裏には大きく「阿片を含む」と書いてあった。飲むと確かに咳が止まった。漢方薬では阿片が今も普通に使用されているのを知った。

阿片窟は、北京街以外に露天市場、寺児溝、新開大街〔新開路〕など、貧しい人々の住んだ地域に多い。そういう阿片窟には、マッチ売りの少女の一本のマッチのように、人生の苦悩を阿片によって忘れようとする人々がやってくる。当時、厳冬の大連では、共同便所の中で阿片煙草をくわえたまま凍死している人がよく見られたという。

35 「慈善団体」——大連宏済善堂

一九〇八（明治四十一）年四月、大連宏済善堂が開設された。ロシア統治時代から引き継いだ中国人商工業者の団体である大連華商公議会が主宰する、中国人に対する慈善団体である。事業内容は、寡婦、孤児（嬰児）に対する援助、養老、貧困者救済、身寄りのない者の葬儀、棺桶の施与、阿片吸煙者に対する治療などを行なうというものである。

総理の劉兆億はロシア統治時代の買弁（外国資本の手先）で、日本軍の進駐によって親露派の頭目として逮捕された。日本の「寛大な処置」によって大連市華商公議会の会頭となると一転して親日的民族資本家となり、日本支配に貢献するようになった人物である。

一九二四（大正十三）年、劉兆億が隠居し、後を継いだ福順厚油業社長の郭学純も病死すると、政記汽船社長の張本政が総理に就任した。

開設当時、日露戦争の戦禍によって行き場を失った中国人貧困者が急増し、一方で山東省などから戦争が終わるのを待っていた出稼ぎ労働者が次々と大連に押しかけていた。厳冬の夜が明けると、行き倒れの死体が路上に横たわっている光景も珍しくなかった。

宏済善堂では慈善宝くじ（彩票）を発行し、その収益金四五〇〇円を慈善事業にあてた。さらに一九一〇（明治四十三）年一月には付属の宏済病院を設け、外来患者一二〇人余り、入院患者三〇人を診療費免除で収容している。また毎年冬期の三カ月は粥（かゆ）の炊き出しと防寒具の配給を行ない、無縁仏のために西崗子に墓地を開いた。

一九一四（大正三）年十二月、宏済善堂は阿片常習者の治療を目的とする阿片の輸入・製造・販売権を手に入れ、「戒煙部」を独立させた。これによって莫大な収益金が転がり込んできた。

宏済善堂の評価をめぐっては、これまでにも議論があった。偽善団体であり日本帝国主義の犯罪行為を内部から支え、覆い隠すものであるという意見である。しかし、大連には寺児溝、小車大院、香炉礁、石道街などの貧民窟があり、そこには数万の中国人が一杯の粥を待っていた。たとえば一九一九（大正八）年を例にとると、宏済善堂は五一三一人の救済を行なっている。なお、同年の行き倒れによる死者は六三人、変死者のうち餓死者一二〇人、凍死者一三一人となっている。

大連宏済善堂〔大連市第三十七中学〕

最近の宏済善堂の評価は少し変わってきた。「民族の裏切り者」張本政が総理に就任した一九二四（大正十三）年以前の慈善事業を一部評価し、以降は「宏済善堂は漢奸の手下が牛耳るようになり、性質が変わり、悪魔の巣窟となった」とされている。
大連には慈善団体として、阿片中毒者を救済する大連救療所、赤十字大連委員会支部、救世軍育児婦人ホーム、「満州」奥地から日本に帰国する目的で大連に出てきた人のための大連慈恵会救療所、犯罪者更生のための為仁会、満州託児所などがあった。これらは日本人が関与した団体であったが、宏済善堂は中国人による経営であった。

宏済善堂は旧大連第一中学校〔大連理工大学分校〕を北に行った恵比須町〔英華街〕にある。現在、道路に面した建物は大連市第三十七中学として使用されている。

36 満鉄の頭脳――満鉄図書館

満鉄本社の斜め前に満鉄会社図書館〔大連図書館〕があった。この位置関係は、満鉄がいかに図書館を重視していたかを物語るものである。

図書館重視は初代総裁後藤新平の「調査癖」に始まる。後藤は台湾総督府民政局長官時代に京都帝国大学の岡松参太郎を招き、台湾旧慣調査会を発足させ、土地制度・戸口調査を行ない、農政学者の新渡戸稲造をはじめ「内地」の第一線の研究者を招いて、科学的な統治政策を研究させた。

後藤の「調査癖」は満鉄総裁に就任してからさらに強くなる。「内地」の優秀な頭脳を集めて大調査部をつくった。調査部では、部員の専門性を生かした自由な研究が保障されていた。その調査部の調査を支えていたのが満鉄会社図書館である。

一九〇七（明治四十）年、台湾から引き続き満鉄のブレーンとなって転任して来た岡松参太郎は調査部付属の図書室を作り、児玉町（団結街）の満州資源館（満蒙資源館）の三階に図書資料室を設置した。

一九一一（明治四十四）年八月には満鉄本社前に図書館を移転し、調査部の部員だけでなく、すべての満鉄職員が利用できるようにした。その後、書庫、閲覧室を増築していき、一九二八（昭和三）年十二月に完成した。この間、満鉄沿線に一六カ所、大連市内に八カ所の図書館を設置し、鉄道を使用して巡回図書室を開設した。地方の職員から調査に必要な資料の提供要請があると、巡回図書室を通じて貸し出した。満鉄図書館は調査部の「参考図書館」という性格が強く、「特定参考任務」を執行するための図書館であった。一つの調査のために使用した図書資料が蔵書となり、次の調査に利用された。

満鉄には、後藤の「情報」こそ植民地支配の要（かなめ）であるという考えが脈々として流れていた。ある中国の研究者が調査部の報告書『満鉄調査月報』を見て、「無駄な研究が多い」と言った。目次には「中国人の履物」「商店の看板」「満州農村のタブー」といった項目があった。しかし、この「壮大な無駄」こそが中国を総合的に理解する力になるという考えがあった。満鉄は理事・副総裁を務めた松岡洋右の指示もあり、資金力にまかせて図書を買いあさった。当時、ソ連共産党研究では世界有数の資料を有していた。他にも地方史誌関係、大谷光瑞が満鉄から借りた借金を払えなくなり差し押さえた明清時代の小説類五〇〇〇冊、イタリア公使の蒐集した中国古地図、中国のユダヤ関係図書、モンゴル調査団の集めたモンゴル文献、イエズス会の宣教師文書などがある。その後、戦乱の中で個人蔵書を売りたいという蒐集家があちこちに現れ、職員を派遣して廉価で買い取った。蔵書は四〇万冊を超えていた。こうした活動の中心になったのが、一九二六（大正十五）年から敗戦まで一九年間にわたり館長を務めた柿沼介である。

満鉄図書館〔大連図書館〕

しかし、敗戦によるソ連進駐後は柿沼に代わりヤゴロフが館長となった。以前副館長を務めた孫克力さんのお話によると、この時期に宋版『淮南鴻烈解』二一巻、宋版『荀子』、元版『尚書』、元版『老子道徳教』など大量の図書が散逸したという。特に『永樂大典』五五冊など、ソ連に没収された善本は五〇〇〇冊に上ると言われる。また、内容のわからないソ連兵が暖を取るためにストーブにくべた図書も大量にあったという。

一九五〇（昭和二十五）年十二月、旧満鉄会社図書館は中国の管理するところとなった。日本人図書館員の大谷武男は、一九五三年五月まで残留して満鉄資料の整理にあたった。図書は旧本願寺本堂に保管されて整理が行なわれ、一九八九（平成元）年に白雲山の新図書館に移管され、公開されるようになった。その後、白雲山に保管されていた満鉄図書は旧満鉄会社図書館に移され、閲覧できるようになった。

最初に大連図書館を訪れたのは、一九九一（平成三）年である。四階の地方文献室で目録を見せてもらって驚いた。「満州」に関する図書のほとんどが網羅されている。この時から、夏と冬の休暇を利用した私の大連図書館通いが始まった。

担当の職員の方は、旧本願寺本堂で満鉄図書の整理を手がけてこられたベテランで、満鉄図書については生き字引である。質問すると、すぐに図書名を示してくれる。複写も比較的自由であった。

暖房のない書庫でかじかむ手をもみながら『満鉄社報』や『遼東新聞』のページをめくっていると、近くで古い新聞をピンセットでつまみながら整理している職員がいた。聞くと、朝鮮に近い間島で発行されていた『間島日報』である。劣化が激しいので裏打ちをしているとのことであった。

37 「満州」開拓の魁——愛川村

日本の「満州」経営は、イギリスやオランダなどの植民地経営とは異なる特徴を持っていた。イギリスやオランダなどは、一般に少数の植民地経営者を本国から派遣し、現地人を使用して利益を上げるという方法をとった。それに対して日本の「満州」における植民地経営は、高級役人から時計修理屋、入れ歯師、豆腐屋、はてはやくざに至るまで「満州」に渡るという移住政策がとられた。

満鉄総裁の後藤新平は、一〇年で五〇万人、二〇年で一〇〇万人の移住を実現するといった大風呂敷を広げた。そのために移住民に永住心を起こさせるための方策が模索された。永住者の数は植民地政策の評価のバロメーターとなっていた。日本の全階層が「満州」に渡るという植民地経営の方法を実現させるには、日本人が資本力、技術力、知力、軍事力などにおいて中国人を支配下に置く必要があった。

しかし、中国人は近代化に遅れたとはいえ、もともと高い文化を有する民族であった。初期の頃こそ日本の勢力が優勢を占めていたものの、中国の民族資本の勃興によって日本人勢力は次第に劣勢に追い込まれるようになった。特に肉体労働では、中国人の安い労賃と頑健な体力にはとても対抗できなかった。

しかし、方針が立たないからといって放置しておくわけにはいかない。一九〇七（明治四十）年、関東都督府は老虎灘に七〇戸余りの日本人漁民を移住させて漁村をつくった。造船と漁法は中国人の及ばないところだった。

一九一二（明治四十五）年、関東都督に就任した福島安正は金州大魏家屯の地域が水田に適するという情報を得て、「移民模範村」をつくるべく計画を進めた。道路、水源地、堤、排水溝などの土木工事費として約一万五〇〇〇円が投じられた。

一九一五（大正四）年四月、準備が整ったところで、満鉄総裁中村是公の養家があった山口県玖珂郡から農業移民団一九戸四八人が入村した。村は、移民団の出身地である愛宕村と川下村の頭文字を取り「愛川村」と命名された。しかし、私の手元にある写真の着物姿の新村民の顔には、緊張と不安の表情がただよっているように思える。

入村した移住民を待ち受けていたのは、郷里の役場で聞いたバラ色の生活ではなかった。最初の年から干害にみまわれ、溜池も涸渇（こかつ）し、追討ちをかけるように害虫が発生し、秋の収穫は惨憺（さんたん）たるものであった。結局、冬には二戸を残して「内地」に引き揚げということになった。

　一九一六（大正五）年、都督の職を去った福島は愛川村再建のため郷里の長野県から五戸を募集し、守備隊を加えて八戸で再出発させた。しかし、二年続きの旱魃に加え、三人の主婦が病死し、幼児の食物にも事欠く始末であった。明らかに「移民模範村」計画は失敗したのだが、愛川村の失敗は全「満州」の農業移民の失敗につながるから、ここで引き下がるわけにはいかなかった。関東都督府はさらに援助資金を増やし、計画中止だけは避けようとした。その後もほそぼそと農業は続けられたが、開村から二〇年たった一九三六（昭和十一）年になっても、愛川村は三万五〇〇〇円の負債を抱え、移住農家は七戸、移住者六五人にとどまっていた。

旧愛川村役場

　愛川村移住計画の失敗は、旱魃や害虫の被害によるだけでなく、労働を厭う農民を生み出してしまったことにある。関東都督府の護送船団方式の移民計画は農民の労働意欲をそぎ、依頼心を強めてしまった。さらに一九一七（大正六）年当時の第一次世界大戦による「内地」の好景気は、農民の労働意欲を喪失させてしまった。同時に、周辺の貧しい中国人農民の生活ぶりを見るにつけ、希望が失われていった。

　現在、愛川村は元の大魏家という村名にもどっている。金州から金州湾に沿って三〇分ほど普蘭店の方向に進むと、丘陵地帯が広がる。そこが旧愛川村である。大魏家は小さな集落にすぎない。揚げ物をしている店の婦人に愛川村のことを尋ねると、知らないという返事が返ってきた。昔の派出所の写真を示したところ、ひったくるように取り上げ、大声で近くの古老に尋ね回ってくれた。

その中の一人が「塩工場のところで見た」という。さっそく車を走らせた。ところが行っても行っても見渡すかぎり塩田ばかりであった。ようやく小さな集落があり、その中央に煉瓦造りの二階建ての派出所が昔のままの姿で建っていた。写真とまったく同じである。女の子が手を引いて家の門の外まで連れていってくれた。そこには「稲香村」と刻まれた石碑があった。ここには昔、「今日之苦　明日之楽」と刻まれた記念碑があったはずである。今は稲香村という名前になっていることがわかった。

ここに住む周さん一家とすっかり仲良くなり、お婆さんに餃子をご馳走になった。集落を回ってみたが、村の氏神の愛川神社や金州尋常高等小学校愛川村分教場は見つからなかった。ある農家では、日本人が掘った井戸をまだ使っていると言って、見せてくれた。なんと、柄を手で上げ下げする手動ポンプの井戸があった。

周さん一家に別れを告げて、塩田の中を帰路についた。

38 大連病院の霊安室

モヤ　ノ　サカミチ　ノボッテ　イク　ヨ。
サカ　ノ　ムカフ　ハ　オホキナ　ビャウヰン　ヨ。
ミヅ　ノ　ヤウナ　ソラ　ダヨ。
ア、ツキ　ガ　デテル　ヨ。

大連で小学校を過ごした人なら、声に出して読んだことのある文章だと思う。『満州補充読本』一の巻に載せられた「サカミチ」である。

『満州補充読本』は、「満州」の日本人生徒が「満州」の生活を理解できるように編集された教科書で、『コタンの口笛』をはじめ多くの名作で知られる童話作家石森延男が主に編集したものである。「サカミチ」はヤマトホテル〔大連賓館〕から南に向かって延びている。この「サカミチ」を上りつめたところに、今でも「オホキナ　ビャウヰン」がある。つまり満鉄の大連病院〔鉄路局大連医院〕のことである。

大連病院の上に浮かぶ月を見ながら、この詩を口ずさんでみたことがある。大連港に着いた日本人の誰もが、これから始まる外地生活に不安をいっぱい抱いていた。そんな夜、月明かりに照らされる「オホキナ　ビャウヰン」は、人々に安心を与えてくれたにちがいない。

後藤新平は植民地経営の要は「学校」と「お寺」と「病院」を建てることにあると言っている。外地に住んで心配になることは、子供の教育と病気である。「満州」の伝染病や風土病は「馬賊」以上に日本人に恐れられていた。

特に一九一〇（明治四十三）年十月に北「満州」に発生した肺ペストは、中国人労働者の移動ルートに沿って全「満州」に広がり、罹患者五万人を超える惨状を呈した。清国は兵五〇〇〇人を長春に派遣し、要所を遮断した。しかし、肺ペストは大連にも広がり、ついに近江町に真性患者一号が発生した。次いで奥町〔民生街〕、小崗子〔西崗子〕、寺児溝と猛威をふるった。

日本政府も伝染病研究所所長の北里柴三郎ら六五人を派遣し、防疫に努めた。北里が流行地に乗り込み、解剖にも立ち合い、ネズミが感染源であることをつきとめた話はよく知られている。北里が不眠不休の防疫研究にあたった陸軍病院は、ロシア人街の山城町〔烟台街〕にあった。

こうした不安を抱く移住日本人たちが安心して働けるように、「満州」の病院と学校は場違いなほど立派であった。坂の上にそびえる大連病院の雄姿、暗闇の月光はそうした効果があったにちがいない。

大連病院は一九〇七（明治四十）年に陸軍病院を継承して開業し、一九二六（大正十五）年四月、現在の本館が竣工した。ロックフェラー財団の寄付によって建てられた北京の協和医院に対抗して建設されたと言われるだけあって、重厚感があり、正面の階段を上がるだけで威圧感を感じる。建築様式は「近世ロマネスク鉄筋コンクリート造煉瓦幕壁張」というもので、大連ッ子の自慢の建物の一つとなっていた。

満鉄大連病院〔鉄路局大連医院〕

一九三六（昭和十一）年の大連病院は、普通病室二二六室（四六二床）、伝染病病室九一室（一五八床）、患者収容能力は六二〇人、医者六九人、薬剤師一〇人、看護婦二八五人で、外来患者五七万七〇〇〇人、入院患者二二万四〇〇〇人を受け入れ、東洋一を誇っていた。

大連病院と塀を隔てた大連外国語大学の老教授劉先生をお訪ねした。劉先生は「満州国」の大学在学中に抵抗運動をして退学処分となった。退職後も、足の悪い奥様の看病をしながら日本語の文法研究をなさっておられる方である。

お住まいが大連病院を見下ろす場所にあるので、病院の建物の配置を説明していただいた。その時、奥まった場所に一棟だけ平屋の建物があるのが気になり、劉先生に尋ねると、それは大連病院時代の霊安室兼納骨堂であった。真ん中に棺桶が並べられ、まわりを囲むように引き取り手のない骨壺が置いてあったという。夜になると、「満州」で客死した亡霊たちが起き上がってきて、車座になって互いの身の上話をしたり聞いたり、にぎやかなことであっただろう。翌日、友誼商店で日本酒を買って、桐の老木に囲まれた霊安室兼納骨堂のまわりにそっと撒いた。その夜の宴は酒も入り、さぞ盛り上がったことだろう。

大連には中国人墓地やロシア人墓地はあるが、日本人墓地は少ない。劉先生によると、日本人死者は茶毘（だび）に付すと「内地」の墓に入れるのが一般的であったという。郊外の嶺前屯に火葬場と共同墓地があったが、共同墓地には無縁仏以外はほとんど葬られていなかったということである。

そういえば、作家の中島敦は一九二七（昭和二）年八月、肋膜炎にかかり大連病院に入院している。敦の病室は海に面していた。「その向ふ側には大和尚の山々も見えた。そしてすぐ下にはごみごみした支那人町だの、所々に高く立つ洋風の家々の交った大連の町が見えた」（「病気になった時のこと」）と書いている。

39 ソ連進駐——大連ヤマトホテル

第二次世界大戦の終局にあった一九四五（昭和二十）年八月八日、ソ連は対日宣戦布告をし、翌九日未明に圧倒的な機械化兵団をもって「満州」進攻を開始した。日本軍は敗走し、やがて八月十五日を迎える。

大連にソ連軍が進駐したのは、日本の無条件降伏から一週間後の八月二十二日であった。ソ連軍の進駐については、前日に東拓（東洋拓殖株式会社）の隣のソ連領事館から関東州庁長官に連絡があった。ソ連軍「歓迎」の準備も進まないままに、二十二日を迎えた。この年の八月二十二日は非常に暑かった。大連進駐第一陣はシベットフ少佐を隊長とするソ連軍第三一四二〇部隊で、周水子飛行場近くの小野田セメント工場を接収し、続いてヤマノフ少将のソ連軍軍使が到着した。

『遺言なき自決』（富永孝子著）では「軍使ヤマノフ少将が、大連到着後に不機嫌になり、それが彼の到着当初の占領政策に影響を及ぼしたのではないか」と述べている。その原因は柳田元三防衛司令官が飛行場に出迎えに来ていなかったことにあった。ヤマノフの車が大連市内に入り、赤旗と青天白日旗が振られるのを目にして、軍使一行はやっと笑顔を見せた。

大連ヤマトホテル〔大連賓館〕

ヤマノフ一行の車列は、四五年前にサハロフが設計した大広場〔中山広場〕を風を切って一周し、大連ヤマトホテル〔大連賓館〕に到着した。ソ連軍はヤマトホテルを旅大ソ連軍司令部とした。

日露戦争の時に、南山敗戦を知ったロシア軍はほとんど撤退準備のないまま旅順に徒歩で逃れた。そして激戦の後、旅順を追われた。極東の小国日本に敗れた屈辱を抱えてきたロシアにとって、大連と旅順の奪還は民族の悲願であった。スターリンは大連・旅順の占領に対し、特に祝福のメッセージを送った。兵士たちは旅順の海に消えた提督マカロフ中将の名前を叫び、旅順の土を袋に入れて記念に持ち帰ったという。

同日午後六時、大連ヤマトホテル一階の中央ホールで、日本軍の降伏調印式が行なわれた。ソ連の大型戦車が陣取り、マンドリン銃をかまえたソ連兵の居並ぶ中を調印式に臨んだ柳田元三中将の唇はふるえていたという。ソ連軍の無血入城に「降伏」の二文字が躍った。日本の大連・旅順の支配が終わったのである。

ヤマノフ少将は午後九時以降の外出禁止令を出し、治安維持に努めるという最高司令官命令を出した。これで治安が維持されるかと思われたが、ロシア兵による掠奪暴行が大連各地で起こった。ソ連の第六集団軍はヨーロッパ戦線でドイツを降伏させた後、そのままシベリアを横断して大連に到着した。途中で兵力の不足を補うために囚人部隊も編入されたという。欲望の塊のような兵士たちであった。

『大連・空白の六百日』(富永孝子著)は「ソ連兵の狂気は、信じられないような暴挙となった。日中であろうと、街頭であろうと、女さえ見れば彼らは平然と犯した。日本女性ばかりでなく、中国人女性もその被害に遭った。大連の街から女の姿はまったく消えた」と述べている。同書には「輪姦」という言葉の後に「青酸カリ」という文字がならび、首から値段札をさげて買い手を探す五、六歳の日本人の子供の姿も描かれるが、とても引用するにしのびない。

しかし、中国で発行された『大連解放四十年史』(董志正著)や『日本侵占旅大四十年史』(顧明義等編)等には、残念ながらソ連軍の蛮行は一行も記述されていない。

九月に入り、ヤマノフ少将からコズロフ中将に代わり、進駐部隊は「治安部隊」となった。日本人子弟の学校も始まり、ロシア語と政治教育が加えられた。

十月二十七日、大連ヤマトホテルで中国各界代表者会議が開かれ、大連市長に遅子祥(一九五一年に反革命分子として処刑された)が選出され、大連市政府が成立した。

当時大連には二〇万の日本人居留民がいたが、一部の戦犯を除き、一九四六(昭和二十一)

年十一月から日本への送還が始まり、一九五〇年三月三十日の第七六次恵山丸による引き揚げをもって終了した。大連港からの引き揚げ総数二〇万三七六五人であった。しかし、一〇〇〇人余りの日本人が新中国建設のために残留した。

降伏調印の行なわれた大連ヤマトホテルは、大連のシンボルのような中山広場〔大広場〕に今も建っている。大連のメインホテルにしては竣工が遅く、一九一四（大正三）年三月であった。起工は一九〇九（明治四十二）年だったから、まる五年の歳月をかけて入念に造られたことがわかる。外装は薄い黄味のタイルを張り、灰色の円柱を配したルネッサンス様式で、よく帝政ロシア時代の建物と間違われる。中央のフランス式サンマール屋根が特徴である。一九九九年に改築されたが、客室一七五室、収容客数一七五人のホテルである。

親戚が大連ヤマトホテルで働いていたということで、よく写真を見せてもらった。その写真には、ホテルの前に初代の関東都督・大島義昌の銅像が立っていた。

40 旅順のラストエンペラー——旅順ヤマトホテル

映画「ラストエンペラー」は、数奇な運命をたどった愛新覚羅溥儀の一生を描いた作品である。一九〇九（明治四十二）年、三歳で清朝皇帝の位に就いた溥儀は、二年後に辛亥革命によって帝位を追われる。その後も北京の紫禁城に住んでいたが、一九二四（大正十三）年末、馮玉祥の軍隊に包囲され、日本の保護下で天津に落ちのびる。天津駅頭で溥儀を待っていたのは総領事の吉田茂であった。

一九三一（昭和六）年九月、「満州事変」が起こる。溥儀の皇帝復辟（ふくへき）の夢は一歩実現に近づいた。そうしたおり、溥儀のもとに小包爆弾が届けられて爆発した。幸い溥儀に怪我はなかったが、日本租界とはいえ天津が危険な地であることを身にしみて知った。溥儀は天津脱出を決意する。

同年十一月、深夜に清皇室駐津弁事処から一台の自動車が埠頭に向かった。脱出計画が実行に移されたのである。溥儀は日本が準備した三〇〇トン余りの比治山丸に乗って、渤海湾を横断して営口を回り、旅順に着いた。営口には甘粕正彦が溥儀を待っていた。甘粕はその後、溥儀の秘書役を務める。

旅順は、一九一二（明治四十五）年二月、北京から逃げてきた粛親王が住んでいた地である。粛親王は日本の庇護の下で「満蒙独立」を画策していたが、一九二二（大正十一）年二月、五六歳で糖尿病のため死去した。その粛親王が住んでいた粛親王府はもともと関東都督府民政長官の官舎で、旭川町〔新華街〕の旅順高等女学校の近くにあった。一九四五〔昭和二十〕年八月ソ連軍に接収され、一九五五年以降は中国海軍の所有となっている。現在は民間に貸し出され、レストランとなっている。

旅順に着いた溥儀は旅順ヤマトホテルに住んだ。かつてロシアの買弁商人、紀鳳台の私宅であったところで、前述のように川島芳子がモンゴルのカンジュルジャップと結婚式をあげたことでも知られ、現在も旅館として営業している。溥儀は三階建ての二階に住んだが、散歩にも出られない軟禁状態であった。一カ月後、粛親王府に移された。粛親王府には粛親王の三王女

旧旅順ヤマトホテル

が住んでいたが、溥儀に明け渡して市内に移った。

続いて、天津においてきた皇后の婉容を脱出させる仕事が残っていた。その任にあたったのが川島芳子である。芳子は板垣征四郎関東軍高級参謀の指示で天津入りした。芳子は日本人商社マン、婉容はその愛人に化け、闇にまぎれて大連行きの小さな貨物船に乗り、大連に着いた。なぜかすぐに旅順には行かず、一カ月余り大連の文化台〔文化街〕に住む清国の遺臣、王季烈の家に滞在してから粛親王府に行った。近くには閻錫山の別荘もあった〔松原一枝著『大連ダン

スホールの夜』)。

「満州国」が成立しても、溥儀は新京〔長春〕行きを拒否した。「満州国」が大清帝国の国号でないこと、自分が皇帝ではなく執政として遇されることが不満であったからだ。しかし結局、三回にわたる推戴（すいたい）使節の要望を受けて、「満州国」執政の位に就くことを「恥を忍んで」承諾した。一九三二（昭和七）年三月六日、溥儀は旅順を離れ、「満州国」の首都新京〔長春〕へ行った。

溥儀が二回目に旅順にやってきたのは、一九三五（昭和十）年一月である。『溥儀年譜』には「旅順で避寒」と書いてあるが、実は婉容と離婚するためであった。関東軍の傀儡（かいらい）皇帝は離婚するにも関東軍司令官の許可がいった。婉容を旅順に連れていって、関東軍司令部で離婚の儀式を行なおうと考えたのだろう。しかし、婉容は断固として拒否し、まわりも引き止めた。そこで溥儀一人で旅順にやってきたのだ。

一日目は、皇帝自ら関東軍司令官官邸を訪問している。二日目は、旅順市の歓迎式典に出て、白玉山納骨堂に参った。三日目は、恭親王溥偉と会って昼食を共にし、夕方から旅順の学生の音楽会を鑑賞して講演を行ない、学生に賞金を出している。四日目は、旅順ヤマトホテルや粛親王府等のゆかりの地を見てまわり、夜は市民学生の歓迎提灯行列を見た。五日目は、星ヶ浦ヤマトホテルで故粛親王の三人の娘と昼食を共にした。

五年前に天津から危機をかいくぐって旅順に着き、軟禁状態で過ごした旅順の地であったが、溥儀にとって久しぶりにのんびりした休日であった。

溥儀は一九六七（昭和四十二）年十月、北京で死去した。

学校

41 大連最初の小学校——大連小学校

日露戦争中の一九〇五（明治三十八）年一月、「大連湾出入船舶及渡航商人規則」が公布され、大連渡航が認められた。さらに同年九月に大連港が開放されると、営口や安東で待機していた一攫千金を狙う日本人がどっと大連に押しかけた。戦火がおさまると、子供連れで渡「満」する者も多くなり、翌年十二月には大連の学齢児童数は三二四人に増加していた。

関東州当局は、すでに同年一月には大連小学校を開設する準備を始めていて、東京府視学の経歴を持つ浅草小学校校長の金子忠平が校長に任命された。さらに金子とともに海老原五郎、土方造作、井上十夜の三人の訓導が着任した。教師はそろったが、学用品がない。そこで急遽「内地」に教科書、硯、石盤、算盤、帳面などを注文し、生徒に貸与することにした。

一九〇六（明治三十九）年五月、ロシア街に建つロシア正教の寺院を校舎として入学式が行なわれた。手元に教会を背景に入学式に行く人々の姿を写した写真があるが、工事中と思われる道路を歩く丸髷に袴姿の生徒たち、なかにはペティー帽をかぶった洋装の女の子もいる。大連の五月の日差しを避けて日傘をさしている人もいる。入学児童は七五人であった。校舎にあてられたのは、「日も通さない薄暗い教室、泥に塗りつぶされた床、危なげな階段、狭い中庭の運動場」（『創立三十年記念誌』）の教会堂だった。教員の一人は、「此れが今後の勤務場所だと聞かされた時は泣きだしたい気がした」と回顧している。

金子校長の口癖は「決して悪いことをしてはならない。悪いことをすれば日本の名誉にかかわる。常に日本人たることを忘れてはいけない」であった。一攫千金を夢見て大連に渡ってきた粗野な日本人と「娘子軍（じょうし）」の嬌態を目の当たりにして生活する生徒たちに対して発せられた「悪いことをしてはいけない」という言葉は、植民地教育の苦悩をうかがわせるものである。

大連小学校〔大連市実験小学〕

授業は修身、国語、算術、体操、唱歌などで、金子校長の提案で特に英語が教科目に取り入れられた。英語教員がおらず、代用の鯰髭の先生から「イットヘーズ」と教えられたという。男性教師は全員がフロックコートを着て授業を行ない、運動会の時もフロックコートを着ていたという。体操は中央公園〔労働公園〕まで出かけて、陣取り、騎馬戦をやり、保護者の抗議をよそに零下五度まで気温が下がっても上着なしで行進が行なわれた。当時としては珍しく男女が一緒で、兎と亀、一寸法師、浦島太郎等の遊戯をし、男女が手をつないでオルガンに合わせてダンスを踊ることもあったという。「外地」の自由な雰囲気もあったようである。

学校生活としては、遠足、修学旅行（奉天）、売店手伝い、動物飼育、映画会、自由研究、展覧会、学芸会、運動会、武道大会、ラジオ体操、朝礼、勤労デー、学校給食、肝油の補給、太陽灯の照射、検便などが行なわれていた。

大連唯一の小学校とあって、各界の名士の参観が続いている。明治期だけでも有栖川宮威仁親王、伏見宮貞愛親王、梨本宮守正親王、伊藤博文などの参観があった。

開校一年後の一九〇七（明治四十）年十一月には生徒数が一三七〇人に激増し、翌年十一月、東公園町（魯迅街）に移転した。さらに一九一八（大正七）年四月には伏見台に移転し、伏見台尋常高等小学校と改称した。東公園町の校舎は後に大広場小学校（大連市第十六中学）として使用された。

大連小学校は現在は大連市実験小学となり、大連のエリート小学校となっている。正面玄関を入ると二階に通じる階段があり、生徒たちが触ったであろう黒光りのする太い手摺りはそのままである。高い天井と廊下の軋（きし）む音、講堂から伝わってくる歌声。廊下ですれ違う生徒が皆、軽く会釈をしてくれた。王校長先生の話によると、近いうちに旧校舎は取り壊し、新しい校舎を建てるということである。

42

大連文学の揺籃――大連第一中学校

日本企業が多く入っている森茂ビルの裏に低い丘がある。日露戦争当時、第一師団長の伏見宮の軍営地があったところから伏見台と呼ばれていた。

ここには「満州」の資源開発を行なう満鉄中央試験所(大連化学物理研究所)、私立の羽衣高等女学校(大連理工大学工学院)、大連で最も歴史の古い伏見台小学校(大連市実験小学)、中国人初等教育機関の伏見台公学堂(大連理工大学印刷所兼宿舎)、満鉄経営の南満州工業専門学校(大連理工大学工学院)、東洋協会経営の大連商業学校(大連市第三十六中学)、そして大連第一中学校(大連理工大学工学院)がかつてのままの姿で建っている。

伏見台の丘を上ったところに赤煉瓦の大連第一中学校があった。一九〇九(明治四十二)年五月に創立された旅順の関東都督府中学校(旅順中学校)が関東州唯一の中学校であったが、一九一八(大正七)年四月に二番目の中学校として大連中学校が開校した。その後、一九二四年四月、大連にもう一つの中学校が開校したことから大連中学校は大連第一中学校と改称した。

一九二一(大正十)年当時の大連中学校は、教員数二九人、生徒数四八二人で、授業は「内地」の中学校の科目に中国語を加えた内容となっていた。生徒の七割が「内地」出身者、その内約八割が大連の小学校の卒業生で、「内地」と大連に引き裂かれた故郷意識を持っていたという。進学率が高く、東京の進学率が五〇パーセント前後という時代に、六〇～七〇パーセントの進学率を誇っていた。こうした高い進学率の背景には、保護者の六〇パーセント以上が官吏や満鉄等の会社員で、高学歴と経済的富裕層であったことが挙げられる。また「外地」ということで、学校も文部省の規制を受けることなく、全寮制という環境を利用して「受験研究会」といった学校付属の進学予備塾を開いて受験熱を高めていた。

次に学校生活の一部を紹介しよう。

三月―学年末考査、陸軍記念日、閲兵分列、修学旅行。四月―始業式、大連神社参拝、忠霊塔参拝、入学式、フルマラソン、天長節拝賀式。五月―全校行軍、中期考査、兵舎宿営、海軍記念日、忠霊塔招魂祭。六月―時局講演会、体育大会、模擬試験。七月―閲兵分列、射撃大会、金州行軍。八月―大連神社早朝参拝、旅順行軍、水上運動会。九月―弁論吟詠大会、教練査閲、教育勅語奉読式、柔道大会。

全体として軍事色の強い活動が多く、この他に戦跡マラソン、五〇〇〇メートル持久走が定期的に行なわれた。

こうした環境の中で、大連第一中学校は後に文芸界で活躍した人物を数多く輩出した。

五味川純平（本名栗田茂）は第一二回卒業生である。一九一六（大正五）年、大連湾に面する柳樹屯に生まれた。父は陸軍用達を稼業としていた。柳樹屯は寒村であったが、大連湾の要地で一個連隊の関東軍が駐屯しており、五味川は関東軍に取り巻かれて少年時代を過ごした。『人間の条件』の軍隊像はこのころから生まれたと思われる。そこで生徒数六〇人ほどの小学校に通い、一九二八（昭和三）年四月、大連第一中学校に入学した。「満州事変」後、戦死者が白木の箱に納まって戦友の胸に抱かれて大連に帰還するのを見て、「一将功成り万骨枯る」という悲劇的結末を実感したと述べている。

大連第一中学校〔大連理工大学工学院〕

清岡卓行は、一九二二（大正十一）年大連で生まれた。父は大連港の港湾技師であった。大連南山麓の満鉄社宅に住み、大連朝日小学校（軽工業学院分院）に通い、一九三五（昭和十）年四月、大連第一中学校に入学した。

芥川賞受賞作『アカシヤの大連』等の一連の大連小説を読むと、清岡が海の向こうの故郷、大連を求め続けていることがわかる。清岡が大連第一中学校に在学した一九三九（昭和十四）年に「創立二十周年記念式」が行なわれ、校内には「皇国日本」「八紘一宇」「国家総動員」「日満独伊防共同盟」「殉国」といった言葉が躍っていた。清岡はこうした雰囲気の中で、「てふてふが一匹韃靼海峡を渡つて行つた」と歌った大連在住の詩人、安西冬衛の一行詩を追い求めていた。

原口統三は大連第一中学校から一高に入り、清岡の後輩になる。原口は、清岡と同室の江川卓（ロシア文学者）が嫉妬するほど清岡に心酔した。清岡が学徒動員のための繰り上げ卒業式に出席せず、大連に帰っていた時、原口は清岡と夏家河子の海岸で夏を過ごした。原口はその三年後に、『二十歳のエチュード』を残して逗子の海で自殺した。原口はよく瀟洒な住宅の傍の丘に登り、和尚山をながめて過ごしたという。日本の敗戦は故郷の大連を奪い去った。母の故郷である日本に生きていることに、嫌悪感すら感じるようになっていた。

この他に、『満州風雲録』の金丸清哉、「満州文芸協会」を興した吉野治夫、推理小説家の島田一男がいた。また、映画監督の山田洋次もここの出身である。

大連第一中学校（大連理工大学工学院）は赤煉瓦の二階建てである。教学主任の案内で校内を見学した。よく日本から卒業生が見学に来るということである。校舎の隅には校友会の「桜花樹記念碑」が建てられていた。

43 植民地の良妻賢母——高等女学校

一九〇九（明治四十二）年五月、旅順に関東都督府高等女学校（後の旅順高等女学校）が設置された。教育方針として「強く正しく且（かつ）優しき満州の婦人として邦家の興隆に貢献せしめんことを期す」ということが定められ、特に「満州の婦人」を養成することが強調された。

「内地」に比べても早い設置である。設置が早かった背景には、風俗習慣の異なる異国の地にあって女子は家に引きこもりがちで精神衛生上良い環境ではなかったことや、親たちは官吏・満鉄社員など中級以上の俸給生活者が多く、知的水準も高く、経済的にゆとりがあり、女子を上級学校に上げたいという願望が「内地」以上に高かったことが挙げられる。

一九一一（明治四十四）年の関東都督府高等女学校の在籍者は八九人であったが、一〇年後には八三八人に増加している。ただし、退学者も多い。このことは、保護者の転勤や植民地の政情不安と関係がある。一九一九（大正八）年に五・四学生運動が起きると、在籍者の五人に一人が退学している。

大連には他に大連女学院（一九〇七年創設）、大連高等女学校（一九一四年創設、後の神明高等女学校）、大連市高等女学校（一九二一年創設）、大連羽衣高等女学校（一九三〇年創設）、大連弥生

旧大連高等女学校

高等女学校（一九二八年創設）、大連昭和高等女学校（一九三七年創設）、大連芙蓉高等女学校があった。「内地」の高等女学校と異なる点は、生活家事に関する教育が多いことである。異国の地で生活していくうえで自立できるように、家事、裁縫、手芸といった教科目が多く配当されている。具体的な教育内容は「道徳ノ要綱・作法」「衣服の裁方、縫方」「衣食住」「子供服」「育児」「看護」「家事実習」「家庭理科」「刺繍」「編物」等である。これら生活家事に関する科目は、三、四年生で全授業の三七パーセント、五年生になると四三パーセントも配当されていた。まさに「花嫁学校」といえる。

大連警察署長が教育雑誌に次のような批判を書いて、話題をよんだ。

今日の女子教育は余りに貴族的であり、余りにブルヂヨーナ式である。高女に在学する何れの生徒もが、恰も小説中に散見する我侭育ちの令嬢の如く殆んど生活苦を超越し、門を出ずるに自動車あり、下婢下男あり、避暑避寒するに別墅を有し、家庭に在りてはピアノを習い、茶の湯挿花に精進し得る有閑階級を対象として居るように思われる。

当時、ある高等女学校の同窓会誌に掲載されたアンケートをもとに、女生徒の心の中をのぞいてみよう。

〈結婚を希望する職種〉
会社員（満鉄）六二人、教師二四人、官吏一九人、芸術家一七人、軍人一四人、商人六人、その他一八人

〈希望する学歴〉
大学卒二一人、専門学校卒四九人、学歴より確り（しっかり）した人九〇人

〈家庭環境〉
父母と同居している人八〇人、扶養義務のない人五七人、奥様然と暮せる所三八人、共働きの必要のある人七二人

〈趣味〉
日本趣味の人七七人、西洋趣味の人一六人、運動好きの人七〇人

〈体質〉
普通の体質の人一一一人、温厚円満な人五三人、頑丈偉大なる体質の人三六人、冷静沈着で

意志の強い人三一人、真面目で地味好きの人二八人、活動的手腕あり切れる人一五人、情熱的で純な人一四人、信仰心の強い人六人

以上のアンケートによる高等女学校生徒の理想像をまとめると、次のようになる。

職業―満鉄社員
気質―普通の体質の人、温厚円満の人
趣味―日本趣味の人
学歴―学歴は高くなくてもしっかりした人
境遇―父母と同居している人

当時の「嫁にいくなら満鉄社員」という言葉通り、満鉄社員に対する人気が圧倒的に高い。それに対して、官吏は肩がこるということだろう。日本趣味を好み、「支那通」は敬遠されている。また、共働きを希望する者も多い。当時の大連には、事務員、タイピスト、教師、外交員といった女性の職業が多くなりつつあった。

44 ポコペン――大連語学校

大連に渡った日本人が最初にぶつかるのが言葉の壁であった。ほとんどの人が漢字の筆談で事足りると思っていた。実際に満鉄のような日本企業で働き、日本人街に住んで暮らしているかぎり、あまり不便を感じなかった。むしろ日本人の間には、中国語ができることを蔑(さげす)む気持ちさえあった。

巷では次のような唄が流行していた。

きかしゃんせ
ちゃんの言葉は「不明白」
爾や来来
じゃんすいほ
めしめし進上ね好好的
とんとん没有でぽこぺんな

中国人を「ちゃん」と呼んで蔑み、よく耳にする中国語を並べあげ、「ぽこぺん」（だめ）と結んでいる。「ポコペン」とは中国語で「不够本」と書き、元手にも足りないという意味で、値切り倒して商品を持ち去る日本人に「不够本」を連発するのを聞いて「だめ」と解釈するようになったのであろう。

当時、大連では日本人が中国人に向かって「ニーデ、チャカ、カンホージ、プシン、ノーテンファイラ」（「爾的、這箇、幹活計、不行、脳天壊了」――おまえはこんなことをしてはならん、ばかやろう）と怒鳴る声があちこちで聞こえたという。兵隊の間で使用されていたいわゆる「兵隊支那語」から派生し、植民地の日本人が使うようになったものである。

これらの言葉は今も残っていた。最近、大連の友誼商店で店員を相手に「ポコペン」を連発する日本人観光団を見た時は、一枚のセピア色の植民地の写真の中に自分がいるような気にさせられた。

「満州」で、被支配民族の言葉である中国語を真剣に学ぼうとする日本人は多くなかった。中国人が日本語を学べば事足りると思っていた。

しかし、一九二〇（大正九）年ごろから中国語を学ぶ日本人が急増した。その背景には、中国の民族資本の勃興と日本勢力の凋落がある。職種によっては立場が逆転し、日本人が中国人を顧客として商売するようになってきた。当然、中国語が必要になってくる。小学校でも、修身や算術と同じように中国語を必修科目にするようになった。

こうして大連にも中国語ブームがやってきた。ブームに乗って、各地に中国語の学校が生まれた。また、中国語の検定試験が始まり、合格すると通訳認定書をもらい、月三円から一五円の奨励金が支給されるようになった。

一九二〇（大正九）年二月、関東庁翻訳官の岡内半蔵によって大連語学校が開校した。中国語科だけでなく、英語科、ロシア語科、中国人に対する日本語科が設けられた。岡内は東京英語学校を卒業してアメリカに留学し、帰国後に警視庁外国語訓練所の講師を務めたことがあり、アメリカで習得した英語教授法を大連語学校の授業にも取り入れていた。

旧羽衣高等女学校（旧大連語学校）

中国語科は予科一年、本科二年、研究科一年で、開設当初は二〇〇人余りの生徒が在籍していた。一九二八（昭和三）年に大連語学校で中国語を学んだ元横浜中華学校教員の細川廓信氏の話によると、初級クラスは講堂で授業をし、大連放送局で「支那語講座」を担当していた秩父固太郎が、壇上で甲高い声を張り上げて中国語教科書『急就篇』（宮島大八著）を読み、それに続いて生徒が読むという繰り返しであったという。学費は月二円であった。

開設当初の大連語学校は天神町〔独立街〕の大連商業学校〔大連市第三十六中学〕の一部を借用していたが、一九二四（大正十三）年九月に羽衣町〔栄盛街〕の旧大連市社会会館の傍の校舎に移った。後に伏見町〔中山路〕の羽衣高等女学校と同居することになる。ここは現在は大連理工大学のＩＴセンターとなっている。

45 屈折する抵抗――旅順第二中学校

日本の植民地支配下の台湾・朝鮮においては、中国人・朝鮮人に対する中等教育は「ドロボウに鍵を渡すようなものだ」という理由で制限されていた。中等教育は、植民地の人々の民族的自覚を高めるものであると考えられていたのである。

「満州」で中国人を対象とする中等教育が行なわれるようになったのは、関東州施政から一八年後である。中国人への中等教育には一八年の空白があったことになる。初等教育の卒業生が増え、上級学校設置を求める中国人の声に押されて、一九二四（大正十三）年四月、旅順第二中学校が開設された。募集対象は六年制の初等教育機関である公学堂卒業者で、初年度六六人が入学した。教科目は、修身、日本語、中国文、英語、歴史、地理、数学、博物、物理、図画、唱歌、体操であった。

校長には済南師範学堂総教習（校長）を務めたことのある内堀維文が就任した。教員は中国文以外はすべて日本人教員であった。その中には、台湾でグァン式と呼ばれる日本語の直接法教授法を普及した山口喜一郎がいた。

生徒は全「満州」から選ばれたエリートであり、民族意識も強かった。校長の内堀維文は、中国人の民族的短所と言われていた衛生観念の欠如、勤労を厭（いと）う作風、虚言、公共心の欠如といったことを教育によっていかに矯正するかということに主眼を置いた教育を行なうべきである、という主張を持っていた。当然、生徒の反発をくらった。

旅順第二中学校は、関東州当局から「要注意学校」と見られていた。学校創設の翌一九二五（大正十四）年五月、青島と上海で争議中の中国人労働者が日本人に殺傷されたことから、これに抗議するデモが行なわれ、それに対して租界警察が発砲して一三人が死亡するという惨事が起こった。抗議行動は全国に広がり、大連の各中国人学校でも抗議行動が行なわれた。この時、旅順第二中学校の生徒は授業をボイコットして、大連市内をデモ行進した。

さらに一九二七（昭和二）年冬には日本人職員の体罰に対して全学ストライキが起こり、生徒は抗議して実家に帰り、学校から生徒の姿が消えた。その後も日常的に生徒の排日行為が続いた。

一九三二（昭和七）年四月、旅順第二中学校は旅順師範学堂と合併して旅順高等公学校となった。併合の主な理由は学校経費の削減であった。

旅順第二中学校卒業生の劉さんのお宅にうかがった時、四、五人の同窓生が集まって同窓会の打ち合わせの最中であった。一人一人にうかがうと、「小さな抵抗ですが」と前置きして、次のような話をしてくださった。

王さん「十月十日『双十節』の時、巡査に生徒の隊列が止められた。巡査は左側通行だから左側を歩けという。生徒は今日は『双十節』だから中国式に右側を歩くといってがんばった。言い合いになり、三人が連行された」

李さん「東方遥拝の時、『万歳』を中国語で『反来』（ファンライ）と発音した」

張さん「黄奇峰という中国人の先生は、授業中に日本の山東出兵を批判した。級友の誰かがそのことを当局にもらせば、黄奇峰先生は逮捕投獄されることはまちがいなかったが、同級生は全員が秘密を守った」

丁さん「金州から来ていた女の音楽の先生に、生徒の一人が中国の国歌を弾いてくださいと頼んだ。弾けば日本の植民地下では政治犯である。先生は一瞬困ったような顔をしたが、黙ってうなずくと、ピアノに向かって中国の国歌を静かに弾いた。生徒の中には警察官の子供もいたが、誰も他言しなかった」

その日は少年に返ったように、話は尽きなかった。

一九四一（昭和十六）年六月、旅順高等公学校の舎監が物資の横流しをしたことが露見し、全学ストライキが起こった。さらに、日本の敗戦も色濃くなった一九四四年秋には、関東神宮建設の勤労奉仕に駆り出されていた中国人生徒が、民族的差別に耐えかねて日本人生徒の宿舎を襲撃するという事件も起こったという。

以前、卒業生の一人で元駐日中国大使の楊振亜さんにお会いした時、「日本の奴隷化教育を反面教師として、民族的自覚を持つようになった」と言われたことを思い出した。楊振亜さんは日本の敗戦直後、関東州の中学校の共産党学生組織のリーダーとして活躍された。

旧旅順第二中学校

旅順第二中学校（旅順高等公学校）は、新市街の大迫町（斯大林路）の外れにある。校舎は煉瓦造りの二階建てで、だらだら坂を上ると、大きく突き出た入口と、その上に三角屋根、その前には歴史を見守るように大きな銀杏の樹がある。がっちりした黄色い壁の寮もそのまま残っている。

46 先生は清岡卓行——大連日僑学校

日本敗戦後の一九四五（昭和二十）年十月二十七日、大連ヤマトホテル（大連賓館）でソ連の指導のもとに大連の各界代表会議が開催され、大連市長に遅子祥、副市長に陳雲寿を選出し、大連市の民政は日本から大連市政府に移管された。そして同年十一月二十四日、「日本人に対する政策についての決定」（一一カ条）が公布された。「決定」は大連在住二〇万の日本人居留民のうち、少数の官吏・軍人を除いて一般人は速やかに帰国させ、一部の技術者または熟練労働者はその技術を新中国建設に活用するため残留させるというものであった。

こうして一九四六（昭和二十一）年四月より日本人の引き揚げを始め、一九四九年九月まで四回に分けて行なうことになった。

この中心になったのが大連日本人労働組合であった。残留者たちの間から「帰国までの子供の学校教育はどうするのか」という心配の声があがった。そこで大連市と大連日本人労働組合は、引き揚げまでの間、子供たちのために学校をつくることにした。これが大連日僑学校である。「日僑」という言葉はあまり聞き慣れない言葉であるが、日本国籍を持っていながら外国にいる日本人という意味で、「華僑」という言棄を思い浮かべれば理解できると思う。

大連日僑学校は戦前の日本の中等学校一五校、初等学校二三校を包括した学校で、一九四七（昭和二十二）年四月に開校した。開校時は初等科六年・中等科五年制で、一九四九年四月から六・三・三制に移行した。最盛期には生徒数は四五〇人を数えたが、引揚船が出航するたびにその数は減少していった。教育内容は帰国するまでの間の「教育の空白」を埋めるものとされ、科目は国語、算術、理科、社会、音楽、図画、英語などで、これにロシア語と中国語が加えられた。教員は、これまで教職に就いたことのある人々によって構成された。

教員の中には、後の芥川賞作家で詩人の清岡卓行がいた。

清岡は英語と数学を担当していた。生徒の回想録には「先生はとてもシャイな方で、正規の授業はボソボソとよく聞き取れなかった」「清岡先生の授業は厳しかったが、詩人ランボーの事を知ったのも授業中であった」（『文集　大連日僑学校』）と述べられている。

清岡自身、一九八二（昭和五十七）年初冬に三四年ぶりに大連を再訪し、旧宅があった弥生ヶ池公園（魯迅公園）近くのホテルに泊まり、思い出の大連を歩いている。

清岡はかつての大連日僑学校を訪問し、「三方を赤煉瓦の校舎で囲まれた中庭に入って行っ

大連日僑学校〔大連市第二十四中学〕

た。日僑学校で朝礼を行ったところで、また、休み時間には尋常科と中等科の生徒がみないっしょに遊んだところである。……私が担任した中等科二年の教室が左手の三階に見えたので、頭が一瞬混乱した。……」（『大連小景集』）と当時を回想している。

中国人教員の中には、中国の文化部副部長（副大臣）となった劉徳有もいた。

大連日僑学校は解放後の新中国の息吹をもろに受け、これまでの「教育勅語」による教育内容とは百八十度異なった教育が行なわれた。音楽の時間には「シベリア大地の歌」「平和擁護のため」などソ連の歌が歌われた。校内の壁新聞には「米帝国主義を撃滅せよ！」「吉田反動内閣打倒！」といった文字が躍った。映画「石の花」や「スターリングラード攻防戦」が、ロシア語教員の通訳付きで上映された。

大連の街はまだ排日の雰囲気に包まれ、時には中国人生徒から石を投げられ罵倒されながらの通学であった。「パスキー・ニナーダ！（ロシア語は必要ない！）」といってロシア語の授業をボイコットする生徒もいた。

中等科の生徒と教員で運動場を造った。授業が終わると、教員たちはガリ版に向かって教科書づくりに励んだ。ガリ版刷りの魯迅の「藤野先生」が国語の教科書として使われた。

メーデーになると、生徒は小旗をかざして参加した。クラス会でも生徒間の批判・自己批判の会が行なわれるようになった。学芸会で、生徒たちの「野ばら」の合唱にソ連軍の将校が感激し、脱帽起立して聴いた。教職員の給料は長い間トウモロコシであった。

これまで支配者として君臨してきた日本人が、中国人の管理下で日本人の子女に教育を行なうことになった。しかし、かつて日本人が中国人に対して行なってきたように、日本人の独自の教育を許さないということはなかった。その一方で、中国人の学校に入ることさえできた。以前とは立場が逆転しても、敗戦国民の日本人に民族教育の機会を与えた中国人には、その心の寛(ひろ)さを感じる。

大連日僑学校の本校は、中央公園〔労働公園〕の傍の春日小学校に設けられた。現在は大連市第二十四中学となっている。大連のエリート中学である。

47 民族教育の揺籃――大連中華青年会会立小学校

中国の人々は、日本支配下の教育を「奴隷化教育」と呼ぶ。中国人を日本人の奴隷とするための教育という意味である。中国では、「満州」は中国の領土であり教育権は中国にあると主張し、教育権回収運動が繰り返し行なわれていた。日本は関東州（大連、旅順、金州）の教育機関を独占し、中国人が私立学校をつくることも認めず、寺子屋式の私塾に対しても規制を行なった。

しかし、こうした規制を破って、一九二〇（大正九）年十月に大連中華青年会会立小学校が設立された。母体となった大連中華青年会は、袁世凱に反対して大連に亡命していた『遼東日報』編集長の傅立魚が中心となり、中国人青年の健全育成を目的に組織されたものである。機関誌『青年翼』を見ると、キリスト教青年会（YMCA）の影響が見てとれる。

日本当局は認可にあたり、名称に「中華」とあることを問題にした。当時の関東州は日本の租借地であり、「中華」は存在しないという立場をとっていたのである。しかし、勃興しつつあった中国の民族資本家の後押しを得て、活動は許可された。

大連中華青年会の事業は学校部、講演部、武術部、出版部、救済部に分かれ、大連中華青年会会立小学校は学校部の事業に属していた。小学校と中学校に分かれ、小学校は初級四年・高級二年で、修身、国文、算術、歴史、地理、日本語、英語などを教え、中学校は三年であった。

特徴的な点は、中国文を母国語という意味を含む「国文」として教え、日本語も加えていることである。しかも日本語は週二時間であったが、国文は一六時間と全配当の半分近くを占めている。教科書は、関東州では使用が認められていない上海の商務印書館や中華書局など中国発行の教科書を使用し、教員は日本語以外は全員が中国人であった。

大連中華青年会〔大連市東北路小学〕

国文の比重を大きくし、中国発行の教科書を使用して中国人教員が教えるという教育は、上海や北京の中国国内の教育とほとんど同じ内容であった。こうした学校を日本の当局者が認めていたことは驚きである。

一九二七（昭和二）年七月には生徒数が小中合わせて五〇〇人を超えるまでに発展し、会員は三〇〇〇人を超えた。この背景には中国民族資本の発展があった。さらに大連中華青年会会立小学校は夜間部を設け、授業料を徴収しないで識字教育、武道教育、普通教育等を行なった。また胡適や欧陽予倩を招いて講演会を開いた。

当時、大連中華青年会会立小学校に在籍していた陳丕忠さんは、「歴史の教科書は日本の侵略に反対するもので、中国人教師も日本の関東州支配が不当であることを熱をこめて語っていた」と回想している。

一九三四（昭和九）年、大連中華青年会会立小学校は日本当局によって廃校にされ、新たに日本人の経営による明徳公学校になった。陳さんの回想によると、日本人校長が送り込まれてきて、日本の教科書が配布され、民族教育を行なっていた中国人教員はやめさせられたという。浪速町〔天津街〕にあった大連中華青年会は、現在は大連市東北路小学となっている。訪れた時、広いグランド全体を使って一五〇人余りがサッカーの練習をしていた。副校長先生の話によると、大連市の「足球之校」（サッカー優秀校）に指定されているそうである。

48 「北帰行」夜話――旅順高等学校

一九四〇（昭和十五）年四月、旅順に旅順高等学校が開設された。「満州」における最初の高等学校である。戦時下、しかも植民地での開校ということもあって、教育方針は「国体の本義に徹し世界に於ける皇国の使命を体得して至誠尽忠克く国家の重きに任じ天業を翼賛」するという軍国色の強い内容となっていた。学生の守るべき規則が二八〇条もある、がんじがらめの学生生活であった。

「内地」からの志願者も多く、理科、文科合わせて定員二〇〇人に一〇倍余の志願者が殺到し、狭き門であった。卒業生は八割近くが東京、京都、九州の各帝国大学に入学している。教授には歴史学では高里良恭、野中退蔵、博物学では田草川春重、深田祝、数学では那珂通二郎、田畑不二夫などがいた。また陸軍軍事教官として六人の将官が派遣されていた。

旅順高等学校の学生だった難波亨氏（大連第三中学校卒業）から学校生活についてお聞きしていたところ、「北帰行」の悲話について教えてもらった。

窓は　夜露に　濡れて
都　すでに　遠のく
北へ　帰る旅人　ひとり
涙　流れて　やまず

旅順高等学校は敗戦までのわずか五年の歴史であったが、寮歌祭には必ず旅順高等学校の寮

旧旅順高等学校

歌として「北帰行」が歌われる。戦後の歌声喫茶でも定番で、作者不明の「旅の歌」として歌われていた。私も新宿の「ともしび」で歌った覚えがある。

実はこの「北帰行」の作者は、旅順高等学校の宇田博という学生であった。宇田は文科の二年生で、成績抜群の学生であったが、同時に軍国色の強い教育に不満を持っており、教官から「要注意」とされていた。

そんな宇田が旅順高等女学校の生徒と映画を観たことが学校に知られ、退学処分になった。当時の女学生は道で男子学生に出会うと顔をそむけて道の端に寄って歩いたと言われるぐらい、男女の壁は高かった。そうした時代に、女学生と映画を観れば当然すぐ噂になるくらいのことはわかっていた。

宇田は「性行不良にして、改善の見込みなし」という理由で退学処分を受けた。旅順を去る日、旅順ヤマトホテル別館のあった黄金台の海岸を歩いていて、「北帰行」の詩が浮かんだという。愛読書『若きゲーテ研究』の裏表紙に詩を書き残し、北の奉天〔瀋陽〕に帰る。まさに「北帰行」である。

「北帰行」は旅順高等学校の寮歌と言われているが、正確には第二寮歌というべきで、「薫風通う春五月」という正式の寮歌があり、これも宇田がつくったものである。宇田は、同級生の歌う「薫風通う春五月」に送られて旅順を離れた。

宇田は奉天第一中学校を卒業して「満州国」の最高学府である建国大学に入学したが、教官を批判して、旅順高等学校に移ってきたのである。そこでまた退学処分となった。あまり歌われない二番の「追われ　闇をさすらう　汲めども　酔わぬ　恨み苦杯」という歌詞は、当時の宇田の心境を吐露している。

しかし、宇田はそこで終わるような人間ではなかった。その後、東京の第一高等学校に再入学し、東京大学文学部を卒業して放送関係の会社に入社し、後に常務取締役になった。

宇田は一九九一（平成三）年初夏に同級生と旅順を訪ね、「旅順の一年二カ月が悲劇でなく、笑劇だったと思い知らされた」と述べている。

宇田の通った旅順高等学校は、新市街の旅順工科大学近くの旭川町（鎮遠町）にあった。一九四二（昭和十七）年に建てられた三階建ての校舎が、今も昔のままの姿で建っている。宇田が恋に落ちた女学生の通った旅順高等女学校とは、つい目と鼻の先の距離である。

かつての校門には兵士が立っており、参観を申し込むと、けんもほろろに追い返された。あきらめきれずに裏にまわると、運動場と寮らしき建物が残っており、近くにはリンゴ園が広がっていた。

宇田が「北帰行」をつくった黄金台の海岸は、今も「黄金山景区」(景観保護区)として夏は大連方面からの海水浴客でにぎわう。

49 「満州国」国歌制作の由来——南満州教育会教科書編輯部

「満州」の音楽教科書には、「内地」の作詞・作曲者の作品が多く取り入れられている。それは南満州教育会教科書編輯部の編輯委員で、満鉄の音楽教育の中心となった園山民平の「歌曲は内地の名家に委嘱する」という方針によるものである。

たとえば教科書『満州唱歌集』(一九二三年)には、「メガデタ」(作詞・野口雨情、作曲・大和田愛羅)、「かれは」(作曲・山田耕筰)、「やなぎの春」(作詞・北原白秋、作曲・山田耕筰)、「アキ」(作詞・島木赤彦、作曲・小松耕輔)、「ペチカ」(作詞・北原白秋、作曲・山田耕筰)、「まちぼうけ」(作詞・北原白秋、作曲・山田耕筰)などが収められている。「満州」の唱歌教育が大正デモクラシー期の『赤い鳥童謡集』の影響を大いに受けていたことがわかる。

山田耕筰は一九二三（大正十二）年に南満州教育会教科書編輯部の依頼を受けて「ペチカ」「まちぼうけ」を作曲して以来、園山民平を介して「満州」との関係を深めていった。木村遼次著『大連物語』（一九七二年）には、山田耕筰が「満州国」国歌にかかわっていたとある。「満州国」が成立し、国歌をどうするかということになった。そこで、文学的才能を持つ「満州国」総理の鄭孝胥が筆をとって作詞し、作曲を山田耕筰に依頼し、「満州国」国歌ができた。しかし、溥儀をふくめて「満州国」の要人の間では不評であった。山田は国歌を作曲することは得意ではなかったのだろう。

旧南満州教育会

急遽、作り直すことが決まって、陸軍戸山学校軍楽隊副隊長の経歴を持つ満鉄音楽会の高津敏会長に委嘱することになった。高津は先の園山民平と大連第一中学校教員で大連音楽界重鎮の村岡楽童の二人に声をかけ、三人で作曲することになった。中国語の歌詞をいかにして曲に乗せるか苦心しながら、やっと完成させた。軍楽隊の発表演奏を聴いた「満州国」の要人は、一様に満足してうなずいたという。こうして「満州国」国歌ができあがった。

最近、武藤富男著『私と満州国』（一九八八年）を読んでいて、

「満州国」国歌作成には続きがあることを知った。
「満州国」国務院総務庁弘報処長をしていた武藤富男は、「満州国」国歌が「儒教的民主主義の歌である」という印象を持っており、建国十周年を機に新しい国歌をつくることにし、新国歌起草委員会をつくり、自ら委員長になった。

委員会は新国歌作成にあたって、作詞は日本語のものを先に作成し、その作曲をした後に中国語に翻訳し、内容は国体を明徴にするというものであった。

こうしてできあがった新国歌は武藤の意見を全面的に入れた内容となり、「おほみひかり　あめつちにみち　帝徳は　たかくたふとし　とよさかの　万寿ことほぎ　あまつみわざ　おふぎまつらむ」というものであった。

「おほみひかり」は日本の皇室の徳、「帝徳」は溥儀の徳を表すと言われている。

一国の国歌が一童謡作曲家の手によってつくられ、その国歌の出来が悪いといっていとも簡単に作り替えられ、さらに一〇年経って、一弘報処長にすぎない日本人官吏の意見で再び大きく書き替えられる。「満州国」が傀儡(かいらい)国と言われるのも、もっともな話である。

歴史事蹟

50 倭寇大敗北――望海堝

金州、普蘭店、庄河は倭寇が侵入した地域である。倭寇はまず高麗（一〇世紀から一四世紀まで続いた朝鮮の王朝）に入り、朝鮮沿岸を劫掠し、高麗の王を人質にして京城に迫る勢いであった。その後、南下して遼東半島に侵入した。

中国の書物には「民を屠殺し、血流れて川を成す、或いは孕婦を得れば、相与に刳剔し、其の女男を計り、以て賭酒の具と為す。或いは嬰児を柱に縛し、これに沸湯を沃ぎ、その啼哭を視て、以て笑楽と為す。その荒淫穢悪は、言うに勝う可からず」と、倭寇の残虐非道ぶりが描かれている。

明の洪武帝は、沿岸に七二の防倭衛所を築いて備えた。しかし、千人単位で移動しながら掠奪を繰り返す倭寇に対して、明軍はなすすべがなかった。ところが、倭寇侵略史上で画期的な大戦が金州で起こった。一四一九（永楽十七）年六月、高麗より遼東半島を狙った倭寇軍団を明軍が大破したのである。

金州は遼東半島の要所で、遼東総兵官都督の劉江が防衛の任にあたっていた。劉江は黄海沿岸に烽火台と望楼を造り、倭寇が上陸した望海堝には城壁を備えた防衛陣地を築いた。待つこと一カ月、王家島〔大長山島〕に倭寇が侵入したという報せを受け、劉江は兵を山中に伏せ、倭寇の背後に兵を配して退路を断った。約一五〇〇人の倭寇が三〇艘の船に乗って上陸して来た。倭寇が望海堝に近づいたところで、伏せていた明兵がいっせいに背後から襲った。退路も断たれた倭寇は総崩れとなった。望海堝には倭寇の七四二の首級(しるし)が並べられ、八五七人が生捕りにされた。

倭寇史上、その集団を全滅させたのはこれが最初で最後であった。世に「望海堝の大戦」と言われている。この戦いによって、倭寇は遼東半島を避けるようになったという。

日本の資料によると、望海堝は貔子窩の近くにあったとある。貔子窩の比定地で最も有力なところに、貔子窩市街地から東北に行った城子疃がある。ここは別名「帰服堡」と言い、村の東に丘があり、城跡が残っている。かつては三清廟があり、「帰服堡」と記された石板があったという。「帰服」というのは倭寇が投降したことを意味すると言われている。

夏、「帰服堡」を探しに城子疃を訪れた。典型的な農村で、旧街道に沿って食堂、床屋、機械部品を売る店、幼稚園、「寿」という看板を掲げた葬儀屋、貸し本屋、入れ歯屋、靴屋、駄菓子屋などが並んでいる。

街外れに三清廟という道教の廟があった。廟の中には文物管理所があり、李所長が出迎えてくれた。本殿の横に「帰服堡」の石碑があった。約六〇〇年前の倭寇防衛の記念碑だという。

望海堝の碑

以前は近くの帰服堡城にあったが、道路改修にともなって本来あった場所から移動してきたという。李所長の話を聞いて、望海堝と「帰服堡」は別のものであるように思えた。

帰り道、市街地の北の賛子河を通った時、王冠のような円い形をした煉瓦製の塔が見えた。近くの農民に尋ねると、永安台と呼ばれる明代の烽火台だという。これも倭寇襲来を報せるものであろう。

李所長は、望海堝は金州の北の亮甲店付近の柳樹園にあったという。柳樹園はロシア統治時代にロシアの民政事務所があったところで、ロシア語を教える露清学校があった。当時、ロシアは大連と旅順を租借していたが、金州は租借範囲の外にあるので、ここに連絡事務所を置いていた。

夕闇迫るころに柳樹園に着いた。資料によると、柳樹園はかつて桜桃園と言われ、望海堝は周囲二〇〇メートルの城壁で囲まれていたとあるが、丘の上のところどころに台座が残っているだけであった。近所の人によると、近くの金頂山には劉江を祀った廟があるということで行ってみたが、山頂にはそれらしきものは見当たらなかった。劉江を讃えた碑も見つからなかった。運転手が大連に帰れなくなると言い出したので、中断して帰ることにした。

金州や普蘭店には倭寇に関する遺跡が多く残っている。二十里堡には瀋大（瀋陽―大連）道路の東側の丘に、高さ七メートルの煉瓦を積み上げた烽火台がある。大連に最も近い烽火台としては南関嶺駅の西に崩れかかった五メートルほどの烽火台があり、前革鎮堡にも崩壊状態の烽火台がある。どちらの烽火台も、家の建築資材にするため近所の農民に煉瓦を持ち去られたということである。

大連に着いた時は夜になっていた。

51 山川草木転荒涼――金州南山

南山〔扇子山〕の日露両軍の戦闘は激烈をきわめた。ロシアはホーク将軍の四個連隊の兵力で、金州南山に要塞をかまえた。大小の砲七二門、三重の壕、一分間に六〇〇発を発射することのできる機関銃隊、さらに地雷網を敷いた。日本軍としては、クロパトキンの主力が瀋陽まで迫っており、旅順攻撃を前に是が非でも南山のロシア軍要塞を短期間に落とす必要があった。

一九〇四（明治三十七）年五月二十六日、奥大将の第二軍は軍艦四隻と協力して総攻撃を行なった。決死隊が組織されて要塞に迫ったが、接近戦になるとロシアの機関銃が威力を発揮した。それでも「屍山血河の砲煙弾雨」の中を白刃を揮（ふる）って突貫し、夕刻には要塞を陥落させた。死傷者は四千数百人にのぼり、全軍の九人に一人が死傷した。一日の戦闘での死傷者としては戦史に残る記録である。なお、ロシアの死傷者は一千百人余りであった。

南山の戦闘は、旅順攻撃の悲劇を予想させるものであった。「兵器ノ効力ハ敵スル能（あた）ワザル」もので、機関銃の威力は大砲にもまして凄（すさ）まじいものであった。この戦闘で乃木大将の息子の乃木勝典歩兵中尉が戦死している。六月七日、乃木は金州に向かう道中、負傷者をかきわけるようにして馬を進めた。勝典の死を前に、乃木の「情」がいっぺんに噴き出していたにちがいない。乃木は南山を訪れ、次の詩を詠んでいる。

山川草木転（うたた）荒涼
十里風腥（なまぐさし）　新戦場
征馬不前（すすまず）人不語（かたらず）
金州城外斜陽立

この詩は、乃木自らが南山の戦闘で指揮を執ったかのような誤解を与えるほど有名になった。

南山は旧満鉄本線の金州駅の近く、大連港の入口の柳樹屯と金州城を結ぶ要地にある。金州からバスに乗って南に行くと、小高い丘が見える。ここが南山である。

南山の戦闘から四年後の一九〇八（明治四十一）年五月、与謝野晶子は金州駅から日本語のできる車夫を雇い、馬車に乗って南山を訪れている。なぜか晶子は、戦跡よりも芽吹いたばかりのコウリャン畑や野の草に興味を示している。中国の子供にタンポポを指差して中国名を尋ね、「婆婆丁」（ポポティン）という発音を聞くと、日本語と近いといってはしゃいだという。

南山日露戦争遺址

現在、南山の丘陵は墓地になっている。中国では個人が墓地を設けることを禁止しているということだが、あちこちに墓標が立っている。丘の上のほうに「南山日俄戦争遺址」（南山日露戦争遺址）と記した石碑がある。その向こうに五段の台座だけが残っている。戦前の写真を見ると、そこには白い御影石の記念碑が建っていた。かつて東側に乃木大将の詩碑も建っていたが、今は撤去されてかろうじて台座だけが残っている。なお、乃木の詩碑は旧旅順監獄に展示されているが、なぜか乃木の名前の部分が大きく欠けている。

帰ろうとすると、パチパチという音が聞こえてきた。振り返ると、二〇〇メートルばかり離れたところで、キャンプファイアのように木を組んで何か燃やしている。まわりを三〇人ほどの人が取り囲んで、うなだれている。数人の人は白い鉢巻きをしている。近寄ってみると、死者を茶毘（だび）に付しているのだということがわかった。火の中から足らしきものが見えたからである。初めて茶毘というものを目の当たりにして、足がすくんでしまった。昔のやり方で死者を送りたかったのであろう。

南山は今でも十里風腥（なまぐさ）い地である。夕日の中で帰りのバスを待ちながら考えた。

52 日清戦争と三崎山

金州の北の北河を渡ると、崔家屯という小高い丘がある。かつて三崎山と言われたところである。「満州」で小学校時代を過ごされた方なら誰でも知っている「殉節三烈士」の碑があるところである。

「殉節三烈士」とは鐘崎三郎、山崎羔三郎、藤崎秀の三人のことで、日清戦争の通訳官として第二軍の金州上陸を前に敵情偵察のために派遣され、逮捕処刑された。日本は三人の「崎」をとって、碑を建てた崔家屯を三崎山と呼んだのである。

三人は情報将校の荒尾精が主宰する日清貿易研究所で中国語を学んだ後、薬の行商や写真屋をしながら敵情偵察を続け、参謀本部に情報を送っていた。日清戦争が起きると、第二軍の通訳官として召集された。

一八九四（明治二十七）年十月、大山大将の第二軍は金州上陸を前に大同江で待機していた。敵情偵察のため、鐘崎、山崎、藤崎の他に、猪田正吉、大熊鵬、向野堅一の三通訳官をふくめ六人が金州に派遣されることになった。漁民の中国服を奪って六人に着せ、水雷艇に乗せて上陸させた。その後六人からは情報も届かず、行方不明となった。同年十一月、第二軍は金州を陥落させ、金州の役所の文書から鐘崎、山崎、藤崎が碧流河（復県）で逮捕処刑されたことが判明した。鐘崎は碧流河の渡河証明を持っていないということで逮捕され、山崎は用便の時に使った白紙を疑われて逮捕され、藤崎は行動が中国人らしくないと疑われて逮捕された。三人とも金州庁海防同知衙門（役所）の獄に繋がれ、金州西門にあった刑場「殺人廠」で処刑された。三人の墓は泉岳寺（東京都港区高輪）の赤穂四十七義士の墓の近くにある。なお、三人が投獄された金州庁海防同知衙門は外壁をピンク色に塗り替えて、今もそのまま残っている。

その後、猪田と大熊の二人は行方不明、向野は無事に帰隊した。実は、帰隊した向野堅一について後日談がある。

須田青雲編『金州案内資料』（一九三九年）によると、向野は上陸後に普蘭店、復州で敵情偵察をしているうちに、後から上陸してきた日本軍の本隊に逮捕される。そこで身分を明かせばよかったのだが、「多くの支那人が居るので、私は日本人であると言うことが出来なかった」という。大山大将自らの送別を受けて敵情偵察に臨んだが、これといった「情報」を手に入れておらず、むざむざ帰れないという気持ちがあったのかもしれない。それでも「日本人商人だ」と言って釈放される。

山崎らが捕まった碧流河上流から貔子窩に至った所で、今度は中国兵士に捕まり、「南方から来た華商だ」と言って釈放される。ところが、貔子窩からつけて来たと思われる三人の中国人に捕まってしまった。それでも、財布を渡し、そのすきに逃走して帰隊したというのである。向野が帰隊したということだけは書かれているが、「敵情偵察」については書かれていない。

「烈士三崎」の死と向野はあまりにも対照的である。向野の顚末（てんまつ）を人々が知れば、「烈士三崎」も策を弄して生きていればという想像と重なり、「英雄」の評価を落としかねない。向野は

「殉節三烈士」の陰で肩身の狭い思いをし、一九二九（昭和四）年に奉天〔瀋陽〕で死去した。

正岡子規は日清戦争の従軍記者として金州に滞在した時、三崎山を訪れた。子規は碑を見て、次のような一句を残す。


三崎山に君が御霊を弔へば鵲（かささぎ）立ちて北に向きて飛ぶ

三崎への哀悼の気持ちである。しかし三崎山を下りようとした時、近くのスミレの草叢（くさむら）に半ば白骨化した人骨を見つけ、衝撃を受ける。日清戦争で犠牲になった中国人であろう。

子規は続けて詠む。

なき人のむくろを隠せ春の草

三崎に対する普通の哀悼とは違い、野犬に食い荒らされた死体を前にして足をすくめ、息を止めてしまった。その息をはきながら、スミレに「骸（むくろ）を隠せ」と言わずにはおれない、敵味方の境を超えた子規のやさしさを感じる。

ある春の日、子規の心を追体験しようと三崎山に出かけた。閻家楼でバスを降りた。戦後五五年、他の戦跡と同じように「殉節三烈士」の碑はもう無いだろうと思いながら、会う人ごとに尋ねた。「殉節三烈士」の意味がよく通じないらしい。

　あきらめて帰ろうとしたら、数人の子供が山道を登ってきた。尋ねると、彼らの指差す先に「殉節三烈士」の碑が三つに割られて倒されているのが目にとまった。満州軍参謀福島安正の筆によって「殉節三烈士碑」と彫られてある。

「殉節三烈士」の碑

現在、「殉節三烈士」の碑のまわりには、中国人の烈士の墓が囲むように立っている。

53 小説『肉弾』の舞台——東鶏冠山

旅順の東鶏冠山にあるロシア軍要塞は「永久堡塁」と呼ばれるほど難攻不落であった。三九門の大小砲と機関銃隊を配し、さらに電気を通した鉄条網と深い内壕を張り巡らしていた。内壕に達した日本兵に対して機関銃が火を噴き、外壕を埋めるように死体の山ができた。

車でなだらかな丘を登っていくと、東鶏冠山要塞跡に着く。戦跡ということで、昔のままの姿で保存されている。壁には無数の銃弾や砲弾の跡が残り、「日軍爆破口」と書かれた付近は大きくえぐられている。

日本軍は塹壕網を少しずつ縮めながら、同時に五〇メートル手前からトンネルを掘って進んだ。現在でもトンネルの入口が残っており、その近くに戦死したロシアのゴンドランデンコ将軍の記念碑が残っている。

東鶏冠山の日露の激闘の模様は、桜井忠温の小説『肉弾』(一九〇六〈明治三十九〉年四月初版)に描かれている。私の手元にある『肉弾』の奥付を見ると、一九二八(昭和三)年版で「壱千三百七十版」と書いてある。誤植かと疑ったが、その後も版を重ねていったらしい。『肉弾』は世界十数カ国語に訳され、アメリカのルーズベルト大統領も息子に読み聞かせたと、桜井に手紙を書き送っている。桜井は愛媛県松山の出身で、松山中学校の時に夏目漱石に英語を教わっている。卒業後、陸軍士官学校に入学し、乃木軍(第三軍)の連隊旗手として日露戦争に従軍する。戦闘で銃創八カ所、骨折三カ所を負い、戦死公報に載るほどの重傷だったが、大手術を数回受けて原隊復帰を果たし、『肉弾』を執筆したのである。

扨(さ)ても我等の目指す処は、北砲台であった。而(しか)して又た望台であった。先ず敵の第一散兵壕に於て、爆薬戦が開かれた。我兵の擲(な)げ込む爆薬は見事爆発して、散兵濠は乍(たちま)ち火事場の如く、板が飛ぶ、土嚢が吹き出す、頭が飛ぶ、足が捩(ち)ぎ切れる。……

戦場の修羅場の描写が続く、読んだ後でどっと疲れの出る小説である。『肉弾』の文学的な評価は別にして、「壱千三百七十版」という版数が示すように、どれだけ多くの読者を生み出してきたことだろう。文壇中心の日本文学史では、裏道を歩む小説である。

東鶏冠山砲台の弾痕

参謀本部編『旅順要塞ノ攻略』には、上記の場面が次のように記録されている。

東鶏冠山堡塁ヲ攻略セント欲シ、……大爆発ト同時ニ日本軍突撃隊ノ前面ニ向イ突進ス、小銃ヲ急射シ手榴弾ヲ投ジ其大半ヲ殺傷シ尋テ胸壁ヲ隔テテ近ク脚下ニ到達セル其一部ト激烈ナル爆薬戦ヲ交エ……砲台直下ノ散兵壕ヲ占領セシ……

『旅順要塞ノ攻略』は確かにおもしろくない。それに対して『肉弾』は臨場感あふれる講談調で、読者をぐいぐいと旅順要塞に引きずり込んでいったにちがいない。

私は『肉弾』を読み進めながら、桜井は自ら体験した地獄絵さながらの日露戦争を書くことによって、戦争の悲惨さを訴えたかったのかもしれないと思った。

桜井忠温のご子息、桜井武男氏は松山に住んでおられる。今年、九三歳である。武男氏は戦前に五年制の中国人中等学校である旅順高等公学校で英語を教え、中国人生徒たちのストライキを側面から支えるなど、絶大な信望を得ておられた方である。

街の話

54 大連住宅事情――満鉄社宅

一九〇五（明治三十八）年九月、大連港開放の報が流れると「一旗組」を中心に日本人がどっと大連に押しかけた。しかし、建設中の大連には住む家とてなく、最初は中国人の家屋を借りて住んだ。大連港開放当時の日本人は八二四八人であったが、一九一八（大正七）年以降は毎年八〇〇〇人規模で増加し、一九二〇年には一万四七〇六家族、六万二九九四人となっている。

そのため、大連の住宅事情はますます悪化していった。満鉄の下級従業員の場合、六畳一間に家族六人が住み、病人と夜勤帰りの夫が昼寝している傍らで、妻が幼児をあやしながら家事をするという家庭もあった。大連に住む日本人の四分の一は借家住まいで、家賃は畳一枚あたり二円から三円だった。四六〇戸ある市営住宅は、一〇〇世帯が空き家待ちといった状態であった。

満鉄では従業員の突き上げもあり、一九二二（大正十一）年に六〇〇万円を投じて社宅を増やした。八畳二間・六畳二間・五畳に応接室と浴室の付いた高級社宅から、四畳二間・五畳二間の普通社宅まで四種類の社宅が南山麓、老虎灘、譚家屯、聖徳街、沙河口などに建てられた。

社宅に入れない者は、自分で購入するか借家住まいするしかなかった。

大連病院の近くの金城街に、友人の韓さんの家がある。解放前は、当時としては珍しい鉄筋四階建てのアパートに約五〇戸が入っており、すべて部屋は南向きで、トイレは最初から水洗式だった。主に大連病院の医者や婦長が住んだという。階段はゆるやかで、廊下も広くとってある。韓さんのお宅は、ドアを開けると内側は純和風となっており、かつての襖（ふすま）や障子にはガラスが入れられ、床の間は読書家の韓さんの本棚となっている。広い窓から差し込む日差しは、冬でも暖房がいらないくらいであるという。

旧満鉄社宅

ハルビン街に住む孔さんのお宅は、ロシア時代の建物である。ロシア人の税関役人の家だったと言われるだけあって、煉瓦造りの二階建てである。家の中は、窓の位置が高く狭いのが特徴である。居間の正面に暖炉があり、小さな螺旋（らせん）階段を上がると、二階はテラス付きの洋間になっている。トイレには洋風模様のタイルが敷いてある。

孔さんは孔子の子孫で、山東省の曲阜から六〇年前に大連に渡ってきたという。孔さん一家は綺麗好きと見え、木製の階段、手摺り、廊下、窓を磨きあげている。日曜日は掃除の日と決まっているという。お子さん、お孫さんの三世代が同居している。最近、孔さんの家は大連市の準文化財に指定されたという。

解放路を通って老虎灘に行く途中に、智仁街がある。丘陵地帯に這うように満鉄の社宅が並んでいる。社宅は古くなっているが、ほとんど昔のままである。

その一軒が友人の王さんの家である。玄関には胡桃（くるみ）の樹が葉をつけている。王さんの話によると、解放前に住んでいた日本人が家を囲むようにライラックの樹を植えていたそうだが、文化大革命の時に「実のなる樹を植えよう」という毛沢東の指示が出て、「ライラックはブルジョア的である」と批判され、伐られてしまったという。一歩家の中に入ると、全体が和風で、日本式の下駄箱がある。かつて畳が敷いてあったと思われる部屋は板張りの床になり、押入が物置に使われている。

大連の日本人は真冬でも着物姿で炬燵（こたつ）に足を入れ、日本から送られてくるラジオの電波に耳を傾けていたという。

55 坂の街の市民の足——路面電車

独特のモーター音を響かせながら走る路面電車は、今でも大連市民の足となっている。大連は坂が多いので自転車は適さない。そこで、バスや路面電車が活躍する。解放以前のものではないかと思われる路面電車が悠々と走っている。子供のころ故郷の長崎で乗っていた緑の市電とそっくりである。

路面電車はかつて電気鉄道と呼ばれ、一九〇九（明治四十二）年九月より営業を始めた。埠頭から山県通（人民路）、監部通（長江路）を通って伏見台の電気遊園（旧動物園）に至る三・二キロメートルの区間を、定員七二人のアメリカのボギー式車両が運行した。開設当初の電気鉄道が電気遊園まで走るという路線確定には、大連の電気事情があった。

電気鉄道と電気遊園は、どちらも大連近代化のシンボルであった。ロシアは豊富な石炭を利用すべく、東洋一の大煙突で知られる大規模な火力発電所を浜町（創造街）に建設した。大連の都市規模からみると大きすぎる発電量であった。満鉄はこの潤沢な電力を沙河口の満鉄工場に供給するだけでなく、路面電車と珍しい電気遊園を造って市民の足と憩いの場に活用したのである。電気遊園ではメリーゴーランドが回り、舶来の電気蓄音機が楽曲を奏で、チャップリンやターザンなどの活動大写真が上映された。また「玉転がし」と言われたボウリング場もあった。

さて、話を電気鉄道にもどすことにしよう。

電気鉄道は一九一〇（明治四十三）年九月に中国人街の西崗子から満鉄の沙河口工場まで延長された。さらに翌年一月には、星ヶ浦（星海公園）まで延長され、同時に電気鉄道に沿って街灯が灯った。手元にある「大連電気鉄道線路図」を見ると、中国人街の西崗子から埠頭、沙河口工場に至る路線と、大広場（中山広場）、西広場（友好広場）、敷島広場（民主広場）、ロシア街を結ぶ路線に分かれている。前者は労働者の移動コースで、後者は一般市民の移動コースである。

市内幹線は五、六分間隔で運転されていた。運転間隔を詰めてサービスに努めているのは、他の交通機関との競争があったからである。大正末年の記録によると、タクシーは市内料金一円五〇銭、乗用馬車は市内三丁以内一七銭、人力車は市内三丁以内八銭となっていた。電気鉄道の営業成績は上々で、大正末年には一日の乗客は五万人を超えたという。

料金は特等六銭、並等五銭であった。この等級分けについてはよくわからない。日本人は中国人と同じ電気鉄道にあまり乗らず、中国人は赤い電車に乗るように決められていたという。もしかすると、このことが六銭と五銭の差となって表れていたのかもしれない。

現在、全区間一元の乗車券を買って路面電車に乗ると、いろいろなことに出くわす。

私の前に五歳ぐらいの女の子が母親と乗っていたが、急に私のズボンをつかんでしゃがみこんだかと思うと、シャーッと放尿を始めた。足を動かすと女の子が転ぶ心配があり、そのまま我慢した。尿は地を這うように一直線に勢いよく運転手のほうに流れていった。母親は見てみぬふりをしていた。中国の子供用のズボンは、坐ると股がぱっと開くようになっているのを知った。

ある時、女性車掌と乗客が切符を買った買わないと言い争いになった。どちらも譲らない。

路面電車

路面電車が停車したところで、その乗客が逃げ出した。女性車掌は電車を飛び降りて追跡した。電車は停まったまま動かない。後続の電車が二台つながったが、まだもどってこない。ようやく意気揚々と帰ってきた車掌は、逃げ出した乗客を警察に突き出したと英雄気取りである。おかげで一〇分以上待たされた。

シルバーシートのことを中国語で「老弱病残孕専座」と言う。日本語に訳すと「老人・虚弱者・病人・身体障害者・妊婦の専用座席」ということになる。「残」（身体障害者）が「残廃人」の省略であることを知った時、これは日本人には理解できない言葉だと思った。

場所にもよるのだろうが、シルバーシートはあまり役に立っていない。ある時、タヌキ寝入りをきめこんだ青年の前で「解放前、紅軍の兵士は……」と、お説教をしている老人を目にしたことがあった。車掌の役割は大きく、乗客に席を譲るようにうながしている。

大連では現在、三系統の電気鉄道が市民の足となって走っている。中には、とうに定年退職してもおかしくない車両が息を切らしながら走っている。

56 大連野球熱——中央公園の二つの野球場

野球のことを中国語で「棒球」と言う。中国では「棒球」はあまり人気がなかった。私は一九七八（昭和五十三）年から一九八〇年にかけて、北京の外国語学院で日本語教師をしていた。まだ学内には「打倒×××」という大字報（壁新聞）が貼られ、毛沢東の孫娘が高級乗用車「紅旗」から降りて英語科の教室に行くのをよく見かけた。

日本語科の学生の間で「野球をしたい」という声があがり、日本から中古のバット、グローブ、ソフトボールを送ってもらい、華僑のL先生のコーチで練習を始めた。「野球はブルジョア的だ」という声を耳にしながら、運動場の隅で毎週二回練習をした。めきめき上達し、新僑飯店や民族飯店の日本人社員でつくる通称「日本実業団チーム」と試合をするまでになった。その後、中国人学生チームの一人は「中国棒球学習団」の選手兼通訳として来日した。

戦前の大連では日本人の間で野球が盛んであった。一九〇七（明治四十）年には、満鉄の育成学校（従業員養成所）が大連の学生チームとして活躍したという記録がある。すでに旅順工科学堂、関東都督府中学校（後の旅順中学校）、大連商業学校に野球部があり、対抗戦が行なわれていた。

大連朝日小学校の同窓会誌によると、一九一八（大正七）年にクラブ活動として野球チームが生まれ、毎年、少年野球大会が開催されていたようだ。朝日小学校が連戦連勝し、一九三八（昭和十三）年から一九四〇年にかけて少年野球大会で連続優勝した思い出が載っている。

中学校では大連商業学校が抜きん出ていた。一九二六（大正十五）年には甲子園の全国中等学校野球大会に出場した。円城寺―桜井のバッテリーで決勝まで進み、静岡中学校に2対1で敗れたが、準優勝を獲得した。

なによりも大連市民をとりこにしたのは、満鉄の大連満州倶楽部と大連の諸企業の連合チームである大連実業団チームの「実満戦」である。中央公園（労働公園）には満州倶楽部と大連実業団の二面の専用グランドがあった。「実満戦」は一九一三（大正二）年から始まった。毎年シーズンになると、大連市民を二分するほど人気があった。人気があっただけでなく、どちらも強豪チームであった。

一九二七（昭和二）年に第一回全国都市対抗野球大会が開催されると、満州倶楽部は中沢不二雄監督（後のパリーグ会長）に率いられて出場し、全大阪チームと決勝戦を戦い、3対0でみごと優勝した。翌年も翌々年も満州倶楽部と大連実業団で連続優勝し、その後も計五回、黒獅子旗を大連に持ち帰った。大連市民が誇りを持って迎えたことは言うまでもない。

満州倶楽部グラウンド〔鉄路局体育場〕

大連の野球は年を追って過熱気味になっていった。一九三八（昭和十三）年の第一九回「実満戦」は、満州倶楽部が三勝一敗で大連実業団を下した。満州倶楽部の山元は一六打数八安打、打率五割の成績でチームを勝利に導いた。

一九三九（昭和十四）年の第二〇回「実満戦」も、満州倶楽部が三勝一敗で大連実業団を下した。大連実業団は二割五分九厘のチーム打率であったが、満州倶楽部の投手に要所を締められて敗北した。大連実業団には、巨人軍から大連にもどってきたばかりの田部武雄がいた。大連からの引き揚げ後にプロ野球のセリーグ事務局に勤めていた作家の清岡卓行は、『大連港』の中で田部について「戦前の日本の野球が生んだ最高の二塁手で……戦後にも彼に匹敵するほどの二塁手はまだいない」と言っている。巨人軍がアメリカ遠征をした時、水原茂三塁手とともに二塁を守ったのが田部である。田部は打率三割七分五厘の成績をあげ、攻守にわたって活躍している。

この年のシーズン中、満州倶楽部と大連実業団は大連で四一回の試合をしている。相手は「内地」から遠征してきた明治、法政、専修、中央大学である。

翌一九四〇（昭和十五）年、大連実業団は「内地」に遠征して巨人軍、早稲田、明治、立教と対戦している。八月初旬には「満州」遠征中の巨人軍が大連に来て、満州倶楽部と大連実業団のグランドで六試合を行なっている。スタルヒンが大連市民に豪速球を見せ、イーグルスの中河が神技を披露した。しかし、この年に少年野球大会は中止となり、戦争の暗い影が広がっていた。

二〇〇二（平成十四）年、満州倶楽部グラウンド（鉄路局体育場）を訪れてみた。高い工事壁に囲まれて中に入ることはできなかった。工事関係者に尋ねると、サッカー場として生まれ変わろうとしているそうだ。そういえば、大連は中国でも最もサッカーの強い地域である。大連実業団のグランドは撤去され、今は若者たちの街となっている。

57

大連の青楼――逢坂町

日本人の「満州」進出は一八九一（明治二十四）年、シベリア鉄道建設に始まると言われている。日本人職工はまじめに働くという評判が伝わり、続々と移送された。その彼らに付き従うように「娘子軍（じょうしぐん）」と呼ばれる娼婦たちが海を渡った。

日露戦争前のシベリアの日本人人口分布を見ると、特徴的なことがある。それはほとんどの都市で女子の数が男子の数を上回っていることである。これらのほとんどが「娘子軍」であった。日露戦争以後、日本占領地にはどこにでも漁船やジャンクに乗って荒波を越えてきた密航婦がいて、「料理屋」の看板を掲げ、帯の間に札束をひねり込んで商売をしていたという。

日本が大連を占領すると、全「満州」から一攫千金（いっかくせんきん）を夢見た「一旗組」と「娘子軍」がやってきた。日露戦争直後の大連の日本人の職業を見ると、在留日本人二八〇人中、「娘子軍」が四七人、「貸席」業者が二五人という状況であった。こうした現象は一九〇六（明治三十九）年九月に大連への自由渡航が許可されると、さらに拡大する。カマボコ屋敷と言われた西通から浪速町〔天津街〕、美濃町〔新安街〕、信濃町〔長江路〕にかけて、「料理屋」の看板を掲げた遊廓（ゆうかく）が軒を並べた。中国語では「料理」といえば家事一般を行なうという意味も含まれており、最初のころはどんな店か覗く者も多かったという。こうしたわけで、関東州民政署が仕事を始めたころの税金の半分は「娘子軍」関係が占めていたという。

後藤満鉄総裁が西通の遊廓で遊女に帽子を取られ、五円の祝儀を出して勘弁してもらった話や、一日に玉代二四〇円を払って遊ぶ「大連の紀伊国屋文左衛門」の話が伝わっている。駅を降りると遊廓地というのでは国際都市大連にそぐわないという意見が出て、一九〇九〔明治四十二〕年に西本願寺〔大連外国語大学〕の近くの逢坂町に移すことになった。逢坂町という町名は、百人一首の「これやこの行くも帰るも別れつつしるもしらぬも逢坂の関」からとったのか、以前から逢坂町という町名があったのかわからないが、花街としては粋な町名である。ロシア統治時代に高級住宅を建てる計画もあったが、当時は中国人の民家が一〇軒ばかり点在する木々の鬱蒼（うっそう）と茂る谷間の地で、こんな遠くへ移って商売になるかと移転に反対する店も多かった。

逢坂町〔南昌街〕

一九二〇（大正九）年ごろ、遊廓街の入口の孔雀（くじゃく）のアーチをくぐって南山麓に至る約一キロの並木通りには、遊廓五七軒、芸妓三五〇余人、酌婦五九〇人余りがいたという。芸妓、酌婦の出身地はなぜか大阪が一番多く、次に東京、愛知の順である。大連に渡って孤独な夜を線香（芸娼妓の花代）一本五〇銭でまぎらわす男たちの街であった。

田山花袋も逢坂町の孔雀のアーチをくぐった一人である。田山は大連の芸者は「概してお客にあまやかされた芸者が多いように私には思えた。それほど芸もあるではなし、容色だって態度だって大してすぐれているとは思えないのに、いやにチンとすましているような妓が多くはないか……」と述べている。

近くに両本願寺や大連寺があり、なによりも問題なのは春日小学校（大連市第二十四中学）に近いことだった。しかし三方を山に囲まれ、細い入口が西公園通に面しているだけで、谷間に閉じこめられたかたちになっていた。

大連解放後に「施政綱領」が発表されると、真っ先に六〇軒の阿片窟とともに二〇〇軒の遊廓が営業停止となった。なお逢坂町には、「満州」興行に行って敗戦で足止めをくらった古今亭志ん生と三遊亭円生がくすぶっていた。

現在は南昌街と名前を変え、かつての面影はまったくない。ゆるやかに蛇行した坂を上ったところに公文書館があった。両側には国営の部品工場が並び、身体障害者が手話で話しながら働いているのをよく見かけたが、最近はその工場も高層マンションに建て替えられつつある。

58 行くも帰るも――大連港

船が飯田河岸の様な石垣へぴったりと着くんだから海とは思えない。河岸の上には人が沢山並んでいる。けれども其(その)大部分は支那のクーリーで、一人見ても汚ならしいが、二人寄ると猶(なお)見苦しい。斯(こ)う沢山塊(かたま)ると更(さら)に不体裁である。

一九〇九（明治四十二）年九月、友人で満鉄総裁の中村是公に招かれた夏目漱石は、大連港に着いて「此奴(こいつ)は妙な所へ着いたね」と第一印象を述べている。埠頭で働く苦力(クーリー)を蝿を見るような眼で追っている。大連埠頭は異国にやって来たという感傷の入り込む隙間のないくらい、人間と人間のぶつかり合うところであった。

大連埠頭の建設は、ロシア統治時代から始まった。後に大連市長となった技師サハロフは最初、清朝時代の軍港柳樹屯を埠頭にすることを主張したが、水深が浅く商港としてふさわしくないという理由から現在の大連港に決定した。建設計画は一〇〇〇トン級の船舶一〇〇隻を同時に繋留（けいりゅう）できるという大規模なものであった。第一次計画で現在の第二埠頭を完成させ、第二次計画に移ろうとした矢先に、日露戦争によって工事は中断することになる。その後、満鉄が建設を引き継いで第四埠頭まで完成させた。

大連港は「満州」の玄関であり、船を下りると、すぐそばの大連駅から植民地の動脈ともいえる満鉄本線に乗って、長春まで行くことができた。

大連港待合所

手元にある満鉄埠頭事務所『大連港』（一九一三年）によると、定期便が出ていたらしい。大阪商船の大連―大阪間が週二便、同大連―長崎間が月四便、日本郵船の大連―横浜間が週二便出ていた。漱石は大阪商船で神戸から乗船し、大連まで八五〇キロの航路であった。漱石は当時まだ一本しか竣工していなかった第二埠頭に下りたはずである。二番埠頭の二階には五〇〇〇人を収容できる待合室があり、タラップを使わないでそのまま直接下船できた。

一九二九（昭和四）年には大阪商船が月一〇便に増便し、「香港丸」「はるびん丸」「ばいかる丸」といった新造船が大連航路に進出した。朝鮮沖で濃霧のために座礁して多くの乗客を失った鉄嶺丸も、この大連港から出航した。

大連港には、さまざまな人々が不安と一攫千金の「希望」を抱きながら上陸した。しかし、アメリカン・ドリームならぬ「満州」ドリームをつかんだ人はほんの一握りで、多くは多額の借金をして、貨客船の船底で荷物と一緒に帰国した。大連滞在期間が一〇年以上の日本人は在住者の三五パーセントにすぎず、定着率が非常に低い。さらに、職業を持たないで渡「満」した者も四九パーセントに上っている。「満州」の生活が辛く厳しいものであることを知っていても、なぜか「満州」に引き寄せられるように日本人は海を渡った。また、敗戦によって引揚船で帰国した人々のことも忘れることができない。

夏の暑い日、大連湾公害防止事務所に勤める史さんに案内してもらって、第二埠頭の待合室に行った。

半円形の屋根を持った入口をくぐって大待合室に入ると、三々五々乗船を待つ人々が列をつくっている。大声で話している一〇人くらいの若者に話しかけてみた。彼らは大連財経大学の学生で、夏休みを利用して山東省の煙台と青島に旅行するという。トランプに興じる労働者風の四人は、山東省の博山から大連に出稼ぎに来ていて、一時帰省するところだという。

「二鍋頭」という庶民の焼酎をちびりちびりやっている老人は、話しかけると、日本語で「日本人？」と訊き返してきた。うなずくと、ぷいと横を向いて煙草を吸い出した。

59 モスコウフスキー大街から山県通へ――人民路

ロシアは大連の地名を付ける際、ロシアにゆかりのある名前を付けた。たとえば、地名からとったキエフスキー大街〔延安路〕、モスコウフスキー大街〔人民路〕、皇帝ニコライ二世の名をとったニコラエフスカヤ広場〔中山広場〕、ザゴロドヌオ通〔自立街〕、イギリスが巨人サムソンの名をとって命名したマウント・サムソン（大和尚山）が眺望できたサムソンスキー並木町〔民意街〕、屠畜場のあったサンリュウジャオ村などである。

日本は大連を占領した一九〇四（明治三十七）年六月以来、ロシアの呼称「ダルニー」をそのまま使用していたが、翌年の「紀元節」（二月十一日）を以て「大連」（ダイレン）と命名した。以降、人口が増えるにしたがって町名も整理されていった。施政直後は次のような町名が唱えられるようになった（河村幸一・辻武治著『たうんまっぷ大連』、一九九九年）。

〈軍人の名前を冠した町名〉

大山巌―大山通〔上海路〕、児玉源太郎―児玉町〔団結街〕、山県有朋―山県通〔人民路〕、奥保鞏―奥町〔延安路〕、乃木希典―乃木町〔勝利街〕、西寛二郎―西通〔友好路〕、東郷平八郎―東郷町〔修竹街〕、寺内正毅―寺内通〔長江路〕。

主要幹線には軍人の名前を付けている。道路の広さからいえば、大広場から埠頭に向かう山県通が一番であろう。ここは日本の敗戦後、ソ連進駐時代にスターリン通と言われた。現在も金融、ホテル、商社の高層ビルが立ち並んでいる。

山県通〔人民路〕

〈日本の地名・旧国名を冠した町名〉

信濃町〔長江路〕、土佐町〔五五路〕、壱岐町〔南山路〕、播磨町〔延安路〕、伊勢町〔友好路〕、浅間町〔春海街〕、鹿島町〔丹東街〕、薩摩町〔杏林街〕、対馬町〔華昌街〕、能登町〔武漢街〕、越後町〔玉光街〕、但馬町〔一徳街〕、佐渡町〔白玉街〕、若狭町〔昆明街〕、霧島町〔金成街〕、飛騨町〔新生街〕、愛宕町〔同興街〕、駿河町〔民康街〕、美濃町〔新安街〕、吉野町〔歓慶街〕、松山町〔中易通街〕、銀座通〔栄盛街〕、淡路町〔安楽街〕。

〈日本によくある町名〉

紅葉町〔五恵路〕、日出町〔七星街〕、山手町〔春徳街〕、朝日町〔朝陽街〕、楓町〔楓林街〕、天神町〔独立街〕、大和町〔保定街〕、弥生町〔建国街〕、桜町〔南山街〕、栄町〔北商街〕、浜町〔興業街〕、羽衣町〔友好街〕、錦町〔錦華街〕、芙蓉町〔建業街〕、山吹町〔瀋陽街〕、春日町〔武昌街〕。

南山麓には桜町、柳町、楓町など、そこに植えられた並木にちなんで命名されたと思われる地名がある。

中国人居住地には不老街〔不老街〕、長生街〔長一街〕、永安街〔民権街〕、万歳街〔万歳街〕、春陽台〔春陽街〕、青雲台〔青雲街〕、回春街〔東北路〕、蓬莱町〔瀋陽街〕など、中国的な地名が多い。中国人居住地の地名は、解放後も旧町名がそのまま使われていた。

一九三六（昭和十一）年当時、大連には二〇七の町があったという。なお、旅順は軍港だけあって日本海軍の軍艦名が多く付けられていた。

一九四五（昭和二十）年十月より、日本人が付けた大連市の町名は中国名に変更された。

60 南山麓の憩いの場——鏡ヶ池

南山麓に住んでいた人から、よく鏡ヶ池〔明沢湖〕で遊んだことを聞いた。鏡ヶ池は人工の貯水池で、縦長の三角形をしている。

小雪を過ぎると鏡ヶ池が結氷し始め、十二月中旬になるとスケート場に変わる。子供たちは学校から帰ると、ランドセルを放り投げて一目散に鏡ヶ池に走った。夜は、ナイター照明の下で勤め帰りの大人たちがスピンを描いて滑った。

池のまわりの柳が芽吹くころになっても、子供たちは名残惜しそうに、氷が薄くなってあちこちに水溜りのできた池をこわごわ滑った。そのスリルは、冬に滑るスケートとは違った面白さがあったという。

鏡ヶ池の隣の児童公園で連翹(れんぎょう)に似た迎春花が黄色い花を付けると、もう春は間近だ。続いて杏(あんず)やライラックが蕾(つぼみ)を付け、湖面に柳絮(りゅうじょ)が舞うころになる。

児童公園には桜の樹が数本ある。大きさから見て、戦後に植えたものであろう。大連の桜前線は仙台と同じくらいで、ちょうど昭和天皇誕生日のころに咲く。満鉄顧問だった上田恭輔氏の思い出によると、ロシア統治時代にも旅順の公園に八重桜があったという。そうすると、最初に桜を植えたのはロシア人ということになる。

短い春が終わると、桜と入れ替わるように蒙古風が襲い、黄塵万丈(こうじんばんじょう)、大連富士も霞(かす)む。

六月に入るとアカシヤの花が咲く。アカシヤの白い花房を見ていると、「胡藤」という意味

鏡ヶ池〔明沢湖〕

が伝わってくる。大連のアカシヤは「シベリアアカシヤ」で、俗に「ニセアカシヤ」と言われる。ロシア人が故郷を再現するためにウラル地方から運んだと言われる。

大連には梅雨がない。年間降雨量は六三〇ミリ前後だが、七月から八月にかけて年間降雨量の半分くらいが降ってしまう。

夏になると、鏡ヶ池のまわりでは太公望が釣り糸を垂れ、竿と虫籠を持った悪童たちが池の周囲の柳の樹の下で蝉捕りに興じる。この風景は今も変わらない。

秋になると、公園の一角にある花園で、菊の鉢植えが売りに出される。近所の人が列をなして買い求め、重陽（九月九日の節供）を楽しむ。文化大革命のころは、花を植えることはブルジョア的だといって批判されたという。この頃になると、気の早い人は「ロンクー」という股引をはくようになる。

「シベリア熊」と言われる季節風の吹く冬の日、鏡ヶ池に行った。

満鉄大連病院（鉄路局大連医院）の近くにさしかかると、そこまで子供たちの声が聞こえてきた。でこぼこのあるスケートリンクを颯爽と滑る少年たちの横で、板の上に腹ばいになって滑る子供たちがいた。奥の初心者リンクでは、危なっかしい足取りで滑る五、六人の少女たちの嬌声が響きわたっていた。

公園の入口に焼き芋売りと山査子飴売りがいた。大連の焼き芋は絶品である。甘くて軟らかい。ある大連生まれの人に、大連のお土産は何がいいかと尋ねたところ、「焼き芋」という返事が返ってきた。土産に焼き芋を持参したところ、「お礼に」と宮内庁御用達の羊羹が届いたことがあった。

鏡ヶ池の焼き芋売りは、それぞれ小さなドラム缶を改造した焼き壺を前に、七、八人が綿入れにくるまって足踏みしながら、通る人に声をかけていた。近寄っていくと、二、三人が手招きする。

その時、一番端に立って黙ってじっとこちらを見ている二人の一〇歳くらいの女の子が目に留まった。この子たちの焼き芋を買うことにした。焼き芋を買いながら話しかけた。女の子が言うには、大連から遠く離れた瓦房店の村から伯父さんに連れられてきたということだ。学校はやめたという。夜は伯父さんの知り合いの家で寝るということだった。

焼き芋は三元だった。五元渡して、残りはチップのつもりで、女の子がおつりを探している間にその場を立ち去った。女の子は後を追ってきて、ニコニコ笑いながら二元さしだした。

鏡ヶ池の淵に坐って焼き芋を頬ばりながら、自己嫌悪におそわれた。自分に罰を科すために、厳冬の大連を歩いてホテルまで帰ることにした。

61 聖徳太子堂——中国に渡った妹？

大連に、聖徳太子を崇拝し、その精神を普及することを目的とした聖徳会という会があった。聖徳会の創設は一九一三（大正二）年、土木建築業者の鈴木玄吉と池内新八郎の発起によって「聖徳講」が生まれたことにさかのぼる。

大連開港とともに「一旗組」の職工や労働者が押しかけ、「植民地の悪風に感染して淫蕩（いんとう）、乱酒、或は賭博に耽（ふけ）り、或は喧嘩口論を事とし、無頼の徒として」（篠崎嘉郎著『大連』）、市民の顰蹙（ひんしゅく）を買うようになった。さらにこれらの失業者群は徒党を組んで市中を徘徊（はいかい）し、無銭飲食を強要する者さえ現れた。鈴木と池内は同じ職工として彼らの思想善導をはかるために、聖徳太子の聖訓と皇室中心主義によって職工を教化しようとし、神儒仏の三教を基礎とする聖徳会を組織して貧困職工の救済、職業紹介、冬期の炊出しなどを行なったのである。

一九一八（大正七）年、関東都督府より聖徳太子廟（びょう）の南側に七万坪の土地の提供を受け、さらに大蔵省より二〇〇万円の低利資金を受けて職工の住宅を作った。かつては聖徳街一丁目から五丁目まで、二〇〇〇戸におよぶ聖徳会のアパート群があった。また、三丁目の角には川島浪速の家もあった。現在も民政街〔聖徳街三丁目〕に聖徳会の事務所が残っている。

大連駅からトロリーバスに乗って恵比須町〔黄河路〕を西に行くと、小さな緑の丘が見える。孫中山〔孫文〕を記念して命名された中山公園である。園内に聖徳太子の廟があったところから、かつては「聖徳公園」と言われた。

この廟は、皇室賛美の文化侵略の象徴として解放後に当然破壊されたものと思っていた。ところが公園の奥に昔のままの姿で残っていた。廟は退職老人センターとして老人の憩いの場となっている。管理者の王さんに案内されて中に入ると、一階はホール、新聞閲覧所、トランプ室、二階は談話室、苦情や悩み事の相談室となっていた。ホールでは老人大学の授業も行なわれるという。

旧聖徳太子堂

どこへ行っても日本語で話しかけられた。新聞を読んでいた李さんは、旅順高等公学校〔中学校〕を卒業して老虎灘の水産試験所に就職したが、解放後は辛い思い出ばかりだという。水虫を掻きながら話しかけてきた程さんは、奥さんが旅順師範学堂を卒業して沙河口公学堂〔中国人小学校〕で教え、解放後も教員をしていたが、去年亡くなった。今年、お孫さんが日本に留学したという。入口の階段に坐って煙草を吸っていた韓さんは金州公学堂の出身で、「ギッタンバッタン」「チクタクチクタクボーンボン」などの唱歌を小さな声で歌ってくれた。

李さん、程さん、韓さんは、日本の大連支配下で運命を大きく歪められ、解放後も苦渋に満ちた生き方をせざるをえなかった人々である。

帰り際に管理者の王さんに、皇室賛美の聖徳太子の廟がなぜそのまま残っているのかを尋ねてみた。王さんいわく、「聖徳太子は中国の文化を積極的に日本に取り入れた人で、中国に友好的であった。その証拠に、妹を中国に留学させている」。

聖徳太子が妹を中国に留学させたという話は初耳だった。

聖徳太子堂の近くには大連市と舞鶴市の友好の碑が立ち、その横に八角の亭が建てられている。中山公園は一九五四（昭和二十九）年に整備され、一九七四年に全面改造された。園内は五〇種類約五三〇〇株の木々におおわれている。さらに一九九二（平成四）年に新築された中国風の華宮がある。これは満鉄本社前にあった龍華宮を移したものと言われている。

帰りのトロリーバスの中で、ふと「聖徳太子の妹」の謎が解けた。おそらく、聖徳太子によって隋に遣わされた「小野妹子（おののいもこ）」のことではないかと思う。

62 ロシア教会——六角堂

ロシアでは都市を建設する時、まず教会を建てるのが常であった。ダルニー市建設に際しても、ロシア街に教会を建て、異国に住むロシア人の心の支えとした。日本橋〔勝利橋〕を渡って従業員寮の並ぶ乃木町〔勝利街〕を進むと、四本の道が交差するあたり、満鉄の育成学校〔鉄路教育培訓中心〕の前に小さな広場がある。

かつて、ここには六角堂と呼ばれるロシア教会があった。規模はあまり大きくないが、二階建ての細微な装飾の施された建物であったという。ただし、当時の写真からはこの建物はどう見ても六角には見えない。

日露戦争で日本が占領した直後、六角堂は大連最初の小学校である大連小学校の校舎として使用された。夏、大連の子供たちが浜町の海岸に海水浴に行く時はこの六角堂を目印としたという。

このロシア教会は一九〇一〔明治三十四〕年に建てられた。煉瓦塀に囲まれた二階建てのロシア風の建物であった。礼拝堂には三〇〇人が坐れる椅子があり、一年に小児の洗礼八〇人、結婚式二六件、葬式四九件が行なわれたとある。当時、大連のロシア人の人口は三〇〇〇人を超えており、ロシア街の教会では狭すぎるという声があり、ニコラエフスカヤ広場〔中山広場〕の一角に一二〇〇〇人を収容できる大寺院の建設が計画されていたが、日露戦争で中止となったという。

木村遼次著『大連物語』には、六角堂の由来について興味ある話が書かれている。

大連市長サハロフは市民を集め、「ダルニー」の文字を刻んだ銅板を埠頭に向け、大連建設の定礎式を行なった。集まった市民の間から金銀宝石が次々に投げ込まれ、定礎板の上をおいつくした。サハロフは定礎板に積まれた金銀宝石をセメントで固め、その上に六角の礼拝堂を造ったという。一九〇八（明治四十一）年十月、教会の所有者であるアブラミンというロシア人と日本人の間で、この六角堂を五〇〇〇円で売却することが決まった。その後、所有権は日本人の間を転々とし、昭和期に入ると大島甲槌という人の手に渡ったという。しかしその間、埋め込まれているであろう金銀宝石を掘り出そうという人は一人もいなかったという。

六角堂跡

『大連市史』（一九三六年）は礎石について、「ダリニー建設の定礎碑を鎮設しありと云うものあるが、当時の記録に定礎式を行ったことが掲げられていないのと、伝説にも拠る処がないので確実に信ずることは出来ない」と述べている。

大連のロシア人は、この場所を聖地として敬虔（けいけん）な祈りを捧げていた。統計によると、一九一二（大正元）年ごろの大連のロシア人は三五人にすぎなかったが、ロシア革命をはさんで白系ロシア人が急増し、一九二〇年には三七八人に増えている。

大連のロシア人は春日小学校（大連市第二十四中学）の近くの向陽台、東公園通（魯迅路）のソ連領事館と目と鼻の先にあるロシア人アパートなどに住んでいた。そのアパートの傍には、ボルシチと黒パンのうまいロシア料理店「ビクトリア」があったという。また、ロシア革命時に日本軍の支援で反革命軍を率いたコサック隊長セミョーノフもいた。セミョーノフは夏河家子に農場を持って暮らしていたと言われている。これら亡命ロシア人たちは日本によって大連特務機関の管理下に置かれ、ソ連領事館の電話傍受やソ連放送の受信翻訳、ロシア人学校の経営等を行なっていたという。ソ連軍の大連進駐後、セミョーノフは絞首刑にされた。

この六角堂がいつ壊されたのかは不明だが、もし道路工事などで地面を掘り返すことがあったら、「ダルニー」と書かれた銅板と金銀宝石が出てくるかもしれない。

63

大連のキリスト教――大連基督教玉光礼拝堂

かつて大広場〔中山広場〕に瀟洒（しょうしゃ）な赤煉瓦の旧イギリス領事館の建物があったが、一九九五（平成七）年夏に取り壊された。まわりに塀をめぐらせ、小さな庭はバラ園になっていた。その裏の丹後町〔白玉街〕の通りに、とんがり帽子の赤い礼拝堂がある。白い十字架が大連の空を突き刺しているようである。「大連基督教玉光礼拝堂」と門札の掛かった入口の鉄格子は、いつも閉まっていた。

ある時、ちょうど鉄格子が開いて一人の老人が礼拝堂の中から出てきた。日本から来たことを告げると、中に入れてくれた。礼拝堂の中はひんやりした冷気に包まれ、正面に十字架が掛けられ、長机と長椅子が並んでいる。数人の信者が礼拝中だったので、中庭のベンチに腰かけて話をうかがった。地面に木の枝で「陳」と書かれたので、私も自分の名前を書いた。陳さんは教会の役員をしておられ、数年前まで大連外国語大学の教授だったという。大連のキリスト教について教えてほしいとお願いしたところ、調べておくと言われた。

後日、大連外国語大学近くの陳さんのお宅をお訪ねした。陳さんは『伝道史』のような本を見ながら話してくださった。キリスト教の伝道は大連より旅順が先で、一八九四（明治二十七）

年、日清戦争の時にデンマークの宣教師が赤十字の看護婦を旅順に派遣して傷病兵の救護にあたったのが最初であったという。大連で最初に洗礼を受けたのは周水子に住む閻という農民で、後に牧師となった。その後少しずつ信者を拡大して、一九二五（大正十四）年には五九二人に増えたという。大連地区のキリスト教会は抗日意識が高く、一九三三（昭和八）年に三人の中国人牧師が宗教を利用して抗日地下運動をしたということで投獄された。また、大連基督教青年会（ＹＭＣＡ）の教育活動が日本によって規制を受け、一九三六年には事務所が閉鎖されたという（現在は公安局中山分局として使用されている）。

大連基督教玉光礼拝堂

日本側の資料によると、大連と旅順におけるキリスト教の布教は日露戦争時の兵士に対する慰問活動が最初で、満州軍倉庫長の日匹信亮が在住の一五人余りの信者とともに浪速町〔天津街〕に布教所をつくった。その後、一九〇七（明治四十）年八月に西広場〔友好広場〕に礼拝堂を建設した。清岡卓行によると、礼拝堂の右側に幼稚園があり、左側には耳鼻科の医院があったという。『たうんまっぷ大連』（一九九九年）を開いてみると、「西広場幼稚園」と「中西耳鼻科」が記されている。赤鉛筆のような礼拝堂は現在も中山区文化庁として図書室や文化活動に使用されているが、一階はファーストフードの店になっている。

西広場には救世軍大連小隊もあった。救世軍は婦人救済会や育児ホーム等の社会事業を行なったことで知られている。現在は朝鮮族文化館となり、映画の上映も行なっている。

木村遼次著『大連物語』には、救世軍の伝道者山田弥十郎による婦人ホームの娼婦解放活動、慈恵病院での個人伝道、奥地巡回伝道など、生涯を布教に捧げた伝道者の姿が描かれている。

この他に敷島町〔東平街〕には組合派大連基督教会〔国際貿易大厦〕、西公園町〔自立街〕には日本メソジスト大連教会〔大連電業局〕、があり、紀伊町〔世紀街〕には大連日本基督教会から独立した大連基督教会があった。さらに西崗子警察署〔西崗子公安局〕の通りを隔てた角には、今も旧ルーテル教会がある。また「満州国」成立以降は、「日満一徳一心」「日満協和」とキリスト教の教えを折衷（せっちゅう）した「大連満州基督教会」が創設された。カトリック教は一九二六（大正十五）年、西安街に教会を建てて布教活動を行なった。

なお、陳さんの属する大連聖公会は一九一三（大正二）年一月、大連英国教会と連携して活動を始めたという。

64 大連神社と水野宮司

前述したように、日本の植民地経営には病院（病気）と学校（教育）の他に、神社（宗教）が欠かせなかった。神社はいわゆる「海外神社」と言われるものである。日本は領有した台湾、朝鮮、カラフト、南洋に「海外神社」を盛んに建てた。

「満州」においては「満州事変」以降、急速に神社が増え、その数は他の植民地を抜いて二九六カ所に及んでいる。神社数の増加は「国運の隆昌」を示すものとされ、開拓団が村をつくるごとに神社が建てられた。

日露戦争後、陸軍の鉄道部隊である野戦鉄道提理部の従軍布教師、松山王呈三が部隊とともに大連に来て出雲大社教の布教を始めた。一九〇七（明治四十）年八月には出雲大社教仮神殿が完成した。一方、市民の間から産土（うぶすな）神社の建設を望む声が強くなって大連神社が建てられ、松山は両方の宮司を兼ねることになった。翌年には本殿を建立し、八六七五坪の敷地に神殿、拝殿、水舎を建てた。春祭りには神輿（みこし）が大連市内を練り歩いた。

『大連だより』所収の「母の手紙」（一九四三年）は大連神社の祭礼を次のように描写している。

今日、神社で珍らしい浦安舞を見ました。目もまばゆいような立派な舞楽殿が設けられ、そこで四人の女の子が「十二ヒトエ」を着て舞いました。……奉納相撲、奉納銃剣術などもあり、広い境内も人で埋まっていました……。

戦時下の「内地」では見られなくなった派手な出し物が演じられていた。

一九一七（大正六）年、松山宮司に代わって義理の兄の水野直蔵が宮司となった。さらに一九三六（昭和十一）年に水野直蔵宮司が病死し、息子の久直が宮司となった。

一九三三（昭和八）年四月、明治天皇を合祀することとなり、翌年には日清戦争の戦死者一万四一九八柱、日露戦争の戦死者六万八八一四柱、「満州事変」の戦死者三〇一五柱を合祀した。「外地の靖国神社」としての役割を担うようになったのである。大連に入港する軍隊は、必ず大連神社を参拝した。

「海外神社」は当然のことながら日本人を対象としたもので、「大連神社諸規定」（一九一〇年）には、「日本臣民ヲ以テ氏子トス」と定められていた。しかし、毎月八日（太平洋戦争開戦日）には、中国人生徒も参拝を義務づけられていた。

大連生まれの日本人児童が多くなるにしたがって、大連神社は「内地」を知らない児童に日本人意識を教育する場となっていった。キリスト教や仏教が中国人を布教対象としたのに対し、大連神社は天照大神以来の「選ばれし民」である日本人にのみ信仰を許された宗教として存在していたのである。大連神社から観測所にかけては桜並木が植えられ、出店のお面と風車の間を和服の日本人が往き交った。さらに隣には東本願寺、西本願寺の本堂がそびえていた。大連神社の周囲はまさに異国の中の「日本」であった。

一九四五（昭和二十）年八月十五日、敗戦を迎えた日本政府は御神体を汚されることを恐れ、神体と神殿の焼却を命じた。また、進駐してきたソ連軍も焼却を迫った。水野宮司は神殿の破壊回避と神体の保護のために知恵をしぼって、あらゆる手を使った。たとえば大連の青幇（秘密結社）に援助を求めたり、大連を支配下に置くソ連軍司令部を神主の正装で訪れ、スターリンに色彩の見事な大太鼓を寄贈したり、慰問と称してソ連兵を神楽に招待したりした。効果のほどはわからないが、神殿も神体も無事であった。

大連神社跡〔解放小学〕

一九四七（昭和二十二）年三月、水野宮司は遷宮を決意し、帰国の日を迎えた。ここで問題が起こった。乗船前の持物検査によって神体と宝剣を押収されたら、二年間の苦労が水の泡になってしまうだけでなく、宮司として切腹ものである。水野宮司は奇策をめぐらした。宮司の正装で笙、鼓を鳴らしながら行列をつくって港まで行き、ソ連兵が行列に見惚れてぼんやりしている間に出航間際の引揚船に飛び乗って帰国したという。氏子は今でも「満州」で唯一神体を運び出した神社として胸を張っている。

大連に在住した日本人は「大連神社は日本人のアイデンティティだった」という。しかし、大連神社は日清・日露の戦死者を合祀し、皇軍安泰祈願大会、国威発揚祈願大会、招魂祭を開くなどして、在留日本人に対して「満州」侵略の「魂」を吹き込む役割を果たしてきたことは間違いない。

大連神社は現在の解放小学の敷地内にあった。大連外国語大学の横の坂道を上っていくと歌声が聞こえ、しばらくすると体操の号令が聞こえた。校門で出会った先生に社殿の位置を尋ねたところ、用務員の張さんを紹介してくれた。張さんは退職後も引き続き小学校で仕事をしているとのことである。

張さんの説明によると、解放小学には大連神社の「遺蹟」が二カ所あり、一カ所は校庭の奥の銀杏の大木であり、もう一カ所は亭の敷石だという。張さんが指差す方向に大きな銀杏の樹があり、その下で生徒が縄跳びに興じていた。裏の崖下の敷石は、神社の玉石が固められたものであった。

張さんが一九五六（昭和三十一）年に仕事に就いたころは校門の前に鳥居があり、その奥に神殿と社務所、銀杏の樹の傍には亭があった。いずれも一九五八年頃まで残っていたという。日本人の引き揚げが一段落した一九五三年に神社は撤去されたと聞いていたが、張さんの話によると、倉庫として利用されていたそうである。

なお、中国人の友人の話によると、日本の敗戦が濃厚になった時に建てられた旅順の関東神宮は、今もそのまま残っているということである。

65 コーランの響き——北京街清真寺

日本は「満州」において神道、仏教、キリスト教、道教、イスラム教等の宗教活動を思想対策面から利用してきた。特にイスラム教は、日本の中央アジア進出と緊密な関係を持っていた。「満州」におけるイスラム教の信者数は約一六万人で、奉天省（遼寧省）には約四万人が住んでいた。ただし関東州はそんなに多くはなく、大連と貔子窩に清真寺（モスク）があるだけであった。

大連の清真寺は一九二五（大正十四）年三月、ゴルバリーの呼びかけで同年十月の双十節の日に竣工したものである。イスラム教徒は「三日絶食しても我慢できるが、モスクなしでは一日も生きていけない」と言われるくらい、モスクはイスラム教徒の生活と切り離せない場であった。あっという間に多額の寄付が集まったという。なお、貔子窩のモスクは一八七三（明治六）年の開基という。

　大連市政府の裏の北京街の坂を上っていくと、丸い玉を乗せた茸（きのこ）のような塔がそびえている。まるで童話の国の建物のようである。ピンクの壁面にはアラビア語が刻まれ、中央にはドームが見える。中庭には大きな桐の樹が植えてある。五月になると薄紫色の花を咲かせることであろう。

北京街清真寺

　大連理工大学の白元昌教授が入口で出迎えてくれた。白教授はイスラム教徒で、お父さんは大連清真寺のアーホン（最高指導者）である。

　入口を入ると沐浴（もくよく）室があり、信者の方が足と手を洗い、口をゆすいでいた。二階から礼拝を呼びかける心を洗われるようなアザーンの響きが聞こえてきた。一瞬、仏教の声明（しょうみょう）が頭をよぎった。階段を上がると、数人の信者が絨毯（じゅうたん）に頭を押しつけるような格好で礼拝している。

　アザーンの響きをテープに録音した。

アシュハド・ラー・イラハ・イッラッラー。アシュハド・ムハンマド・ラスールッラー……。

白教授によると「われ、アッラー以外に神はなく、ムハンマドは、アッラーの預言者なりと証す」という意味だそうだ。

礼拝の最中には、よくアーホンの口から「アーミナイ」という言葉が発せられる。

以前、白教授にお会いしたのは、ラマダーン月の断食の時であった。イスラム暦の第九月（ラマダーン月）の三〇日間、日中は飲食をせず、日没に食事をする戒律がある。世界中のイスラム教徒が実践している。白教授は少々やつれてはいたが、それでも空腹に耐えて授業をされていた。

礼拝が終わって、アーホンとお会いした。

アーホンとしてイスラム教の厳しい戒律を実践してきたとは思えないやさしい眼差しで、ぽつりぽつりと話されるお姿は、童話の中のお爺（じい）さんのようであった。アーホンはアラビア語と経文を修学し、アーホンの資格をとった後、各地の清真寺を回って修行を積んで大連に派遣されてきたという。メッカ巡礼に二回参加された時のことを話された。

参考文献（五十音順）

青山天洞『朝鮮満蒙大観』日本教育学会、一九二八年
赤塚行雄『決定版　与謝野晶子研究』学芸書林、一九九四年
池内　央『子規・遼東半島の三三日』短歌新聞社、一九九七年
井上謙三郎『大連市史』大連市役所、一九三六年
井上ひさし『井上ひさしの大連』小学館、二〇〇二年
岩下寿之『大連だより』新風舎、一九九五年
殷　塵著・さねとうけいしゅう訳『郭沫若日本脱出記』第一書房、一九七九年
上坂冬子『男装の麗人・川島芳子伝』文藝春秋、一九八四年
上田恭輔『露西亜時代の大連』大阪屋号書店、一九二四年
上田恭輔『旅順戦跡案内の記』満州日日新聞社、一九二七年
宇田　博『大連・旅順はいま』六法出版社、一九九二年
江上照彦『満鉄王国』サンケイ出版、一九八〇年
大賀一郎『ハスと共に六十年』アポロン社、一九六五年
大賀一郎博士追憶文集刊行会『蓮ハ平和ノ象徴也』大賀栄一、一九六七年
大賀一郎『ハスを語る』内田老鶴圃、一九五四年
大谷光瑞『シルクロード探検』（西域探検紀行全集第九巻）白水社、一九六六年
小比木壮介『大連ものがたり』叶風書房、一九三六年
尾崎秀樹『伝記　吉川英治』講談社、一九七〇年

上垣外憲一『暗殺・伊藤博文』筑摩書房、二〇〇〇年
河村幸一・辻武治『たうんまっぷ大連』たうんまっぷ頒布会、一九九九年
関東庁『露治時代ニ於ケル大連』一九三一年
関東庁土木課『愛川村』満州日日新聞社、一九三五年
木村遼次『ふるさと大連』謙光社、一九七〇年
木村遼次『大連物語』謙光社、一九七二年
清岡卓行『清岡卓行大連小説全集』日本文芸社、一九九二年
金　正明『伊藤博文暗殺記録』原書房、一九七二年
斎藤充功『伊藤博文を撃った男』中央公論新社、一九九九年
斎藤充功『旅順歴史紀行』スリーエーネットワーク、二〇〇一年
佐木隆三『伊藤博文と安重根』文藝春秋、一九九二年
桜井忠温『肉弾』丁未出版、一九二八年版
篠崎嘉郎『大連』大阪屋号書店、一九二一年
東海林太郎『満州に於ける産業組合』満鉄調査部、一九二五年
東海林太郎『一唱民楽』東海林太郎歌謡芸術保存会、一九八四年
杉野要吉『「昭和」文学史における「満州」の問題』杉野研究室、一九九二年
大連日僑学校同窓会『文集　大連日僑学校』一九九六年
大連埠頭事務所『大連港』満州日日新聞社、一九一三年
高野六郎『北里柴三郎』日本書房、一九五九年

竹森一男『満鉄興亡史』秋田書店、一九七〇年
中共中央党学校本書編写組『閻錫山評伝』中共中央党学校出版社、一九九一年
董　志正著・鐘ケ江信光訳『大連・解放四十年史』新評論、一九八八年
時実　弘『幻影の大連』大湊書房、一九七八年
富永孝子『大連・空白の六百日』新評論社、一九八六年
富永孝子『遺書なき自決』新評論社、一九八八年
豊田　穣『松岡洋右―悲劇の外交官』新潮社、一九七九年
中島　敦『中島敦全集』筑摩書房、一九七八年
中野泰雄『安重根』亜紀書房、一九九一年
中村文雄『君死にたまふことなかれ』和泉書院、一九九四年
中村光夫他『死人覚え書―追憶の原口統三』青土社、一九七六年
西口克己『小説　蜷川虎三』新日本出版社、一九八八年
西澤泰彦『図説「満洲」都市物語』河出書房新社、一九九六年
西澤泰彦『図説 大連都市物語』河出書房新社、一九九九年
西澤泰彦『図説 満鉄―「満洲」の巨人』河出書房新社、二〇〇〇年
秦　郁彦『昭和史の謎を追う』文藝春秋、一九九三年
平野零児『満州の陰謀者　河本大作の生涯』自由国民社、一九六八年
辺見勇彦『辺見勇彦馬賊奮闘史　自伝』先進社、一九三一年
方仁念等『郭沫若年譜』天津人民出版社、一九八七年

星　亮一『満州歴史街道』光人社、二〇〇〇年
細野武男・吉村康『蜷川虎三の生涯』三省堂、一九八二年
松岡洋右伝記刊行会『松岡洋右―その人と生涯』講談社、一九七五年
松原一枝『大連ダンスホールの夜』荒地出版社、一九九四年
松村定孝他『近代日本文学における中国像』有斐閣、一九七五年
松本　昭『人間　吉川英治』六興出版、一九八七年
松本一男『張学良と中国』サイマル出版会、一九九〇年
丸澤常哉『新中国生活十年の思い出』栄輝堂、一九六一年
丸澤常哉『新中国建設と満鉄中央試験所』二月社、一九七九年
満州文化協会『満州年鑑』（各年度）
南満洲鉄道株式会社『南満洲鉄道旅行案内』一九二四年
三輪公忠『松岡洋右―その人間と外交』中央公論社、一九七一年
武藤富男『私と満州国』文藝春秋、一九八八年
森脇佐喜子『山田耕筰さん、あなたたちに戦争責任はないのですか』梨の木舎、一九九四年
矢萩富橘『支那馬賊裏面史』日本書院、一九二四年
矢野太郎『露治時代ニ於ケル関東州』関東庁、一九一二年
米野豊美『満州草分物語』満州日日新聞社、一九三七年
李　義他『大連旅遊指南』大連出版社、一九九九年
呂　同挙『大連自助遊』大連出版社、二〇〇二年

改訂に当たって

本書を構想して以来、大連で戦前日本の教育を受けた多くの中国人古老に個人的な体験を話してもらった。なかには顔をくしゃくしゃにして、机をたたきながら話してくれた方もあった。敷居をまたぐと同時に、「帰れ！」という怒声が飛んでくることもあった。大連郊外の金州のある農民は、瀋陽の中国医科大学の解剖室に父の骨が「標本」として保存されていることを咳き込みながら話してくれた。

本書は戦前戦中に「満州」に関わり大連に懐旧の情を持つ方々だけでなく、戦後生まれの戦争を知らない若い世代のことをも念頭において執筆した。過去の日本が行なったこのような植民地支配の傷の深さと、中国の人々が受けた物心両面の痛みを知り、その実態についての認識を深めることによって真の日中友好を進めていただきたいという思いがあった。そのために、校正の段階で難解と思われる事項・字句に若干の補筆をし、あるいは註記やルビを付すなどして、できるだけ読みやすいものにしたいと意図していた。

ところが出版社に原稿を渡してから体調を崩してしまい、ほとんど校正刷に目を通すことができないまま、刊行期日に間に合わせることを第一義にせざるをえなかった。しかし体調がやや回復して刊本に目を通すと、不本意な形で世に送り出したことに対する後悔の念を抑えることができなかった。忸怩たる思いで版元の藤巻社長に相談したところ、幸いにして改訂を諒としていただいた。

自らの不明を深く恥じるとともに、前記の処置を施したうえで改訂版とし、あらためて読者諸賢のご叱正を乞う次第である。

著者紹介

竹中憲一（たけなか　けんいち）

1946年11月、長崎県生まれ。早稲田大学第二文学部卒業。

1978年より1980年まで北京外国語学院在籍。1981年より1986年まで在中国日本語教師研修センター・在北京日本学研究センター（外務省・国際交流基金主催）講師。現在、早稲田大学法学部教授（中国語、植民地教育史）。

主な著・訳書に『北京における魯迅』（不二出版　1985年）、『中国雑誌所蔵目録1949年～1964年』（龍渓書舎　1981年）、中国社会科学院編『中国における日本研究』（訳　国際交流基金　1987年）、『「満州」における教育の基礎的研究』全6巻（柏書房　2000年）、共編著『教育における民族的相克――日本植民地教育史論』（東方書店　2000年）、共編著『在満日本人教科書集成』全10巻（柏書房　2000年）、編著『「満州」植民地日本語教科書集成』全7巻（緑蔭書房、2002年）、編著訳『「満州」植民地中国人用教科書集成』全8巻（緑蔭書房、2005年）他。

大連歴史散歩

発　　行　2007年11月26日
改訂2刷　2014年 5月12日
定　　価　1,800円＋税

著者　竹中憲一
発行人　藤巻修一
発行所　株式会社皓星社
〒166-0004 東京都杉並区阿佐谷南1-14-5
電話 03-5306-2088　ファックス 03-5306-4125
URL http://www.libro-koseisha.co.jp/
E-mail info@libro-koseisha.co.jp
郵便振替　00130-6-24639

装幀　藤巻亮一
印刷・製本　有限会社吉田製本工房

ISBN978-4-7744-0422-6 C0026